故事销售

你的故事价值千万

丁叶舟◎著

中国商业出版社

图书在版编目（CIP）数据

故事销售：你的故事价值千万 / 于叶舟著 . -- 北京：中国商业出版社，2022.3
ISBN 978-7-5208-1923-7

Ⅰ. ①故… Ⅱ. ①于…… Ⅲ. ①市场营销学 Ⅳ. ① F713.50

中国版本图书馆 CIP 数据核字（2021）第 235422 号

责任编辑：林 海

中国商业出版社出版发行
（www.zgsycb.com 100053 北京广安门内报国寺 1 号）
总编室：010-63180647 编辑室：010-83118925
发行部：010-83120835/8286
新华书店经销
三河市龙大印装有限公司印刷
*
710 毫米 ×1000 毫米 16 开 13.75 印张 146 千字
2022 年 3 月第 1 版 2022 年 3 月第 1 次印刷
定价：49.80 元
* * * *
（如有印装质量问题可更换）

前言
PREFACE

在销售过程中，客户喜欢听故事的需求越来越明显。产品的同质化程度越来越深，销售人员的差异化也因此成为必然。一个好的故事不但能帮助销售人员将自己的观点和建议巧妙地传达给客户，还能增加他的差异性，帮助他与其他销售人员拉开距离。正因如此，销售人员应当将如何讲故事作为销售必修课。

销售人员甲对客户说："我家里装修的时候我还没有从事灯具销售工作，我买了一款好看的花灯，现在我真的是后悔死了，花灯不但不好清洁而且特别费电。您相信我准没错，我做灯具销售工作已经有三年多了，咱们市里的每个小区都有人从我这里买过灯，像您小区里的杨铭先生，婚房里的灯具就是从我这里购买的……"

销售人员乙对客户说："花灯不好清洁而且特别费电，您还是听我的推荐吧。我的客户特别多，不会骗您的……"

同样的话语，销售人员甲的成交额显著高于销售人员乙，原因就在于生动的表述方式。对于销售人员而言，在枯燥的陈述中加入生动的故事，可以提升语言的说服力，增强客户的消费欲望。

好的故事能拉近你和客户之间的距离，提升你的人格魅力，最终提升你的销售业绩。虽然很多人已经知道故事对销售的重要性，但是大部分销售人员都不知道该怎样讲故事，该讲什么故事。如何讲一个品牌故事？如何讲经历性的故事？当客户对产品不信任时，故事应该怎么讲？当客户不能爽快下单时，故事又应该怎么讲？

本书从怎样给客户讲一个好故事出发，对主题故事、产品故事、辛苦度故事、专业度故事、概率故事五种类型进行了具体分析，并为每种类型的故事匹配了大量的案例。此外，本书还从故事结构、肢体语言、传播方式三方面出发，讲述应该如何强化故事的影响力，希望可以帮助销售人员提升自己讲故事的能力。

说到怎样给客户讲一个好故事，首先要明确什么样的故事才能称得上是好故事。一个好故事应当具有时机性、共鸣性、互动性、顿悟性。

时机性指的是在不同的销售环节为客户选择合适的故事。例如，在向客户推销自己的过程中，就可以将自己的亲身经历进行整理，为客户讲一个经历性故事；向客户介绍产品的时候，就可以讲一个产品背后的故事；当客户对产品产生异议的时候，就可以讲一个老客户的案例故事；请求客户成交时，就可以讲一个成交故事。共鸣性指的是故事中有些内容可以令客户感动。互动性可以通过开放式问题和封闭式问题实现。顿悟性要求销售人员将自身拥有的产品知识转化成客户利益，让客户领会自己表达的意思并帮助自己实现销售意图。

对于各个企业的销售人员而言，本书将是提升故事力的必修课程。在阅读本书之后，你的销售能力与产品价值都将出现指数级的增长。

目录 CONTENTS

第 1 章
好故事胜过好营销

讲故事对于销售人员来说至关重要，对于企业来说也是必不可少的。大多数企业领导人都喜欢聊自己的产品，聊自己的技术，其目的是推销企业的产品和服务。事实上，一个好的故事远胜过一次好的营销，要想从根本上把企业的产品和服务推销出去，就必须利用故事提升企业品牌的知名度。

1.1 讲一大堆道理，不如讲一个好故事

人人都喜欢听故事。人们喜欢听故事的原因是分层级的。第一层是满足对世界和人的好奇心，比如孩子喜欢听大人讲故事几乎全部来自好奇心；第二层是历史通过故事的形式讲出来，人们听故事时也是在听历史；第三层是商业或者教化对故事的需求；第四层纯粹是为了消遣；第五层则是出于存在的需要，通过故事揭示存在的

秘密，帮助人们思考意义、世界、死亡等命题。

大多数销售人员都经历过跟客户讲很多道理的阶段，他们将销售过程中容易发生的问题以及相关知识早早准备好，仿佛客户的任何一个疑惑都可以条理清晰地用道理诠释出来。事实上，深入人心、引人入胜的故事远比讲道理更容易让人接受。讲故事是把道理进行了内化，跳出了令客户产生疑惑的情景，让客户站在旁观者的角度从“遇到问题”转化为“解决问题”，使客户更容易在故事的场景中发现每一个角色的心理。如果客户接受了一个故事，就会接受故事所传达出来的观念与道理。

1.2 聪明的销售人员都会讲故事

销售不仅仅是卖产品，更是一种和客户建立信任关系的系统。在销售过程中，会讲故事的销售人员往往比不会讲故事的销售人员占有更大的优势，总是最先拿到订单。

徐老太的儿媳妇怀孕了，想要吃酸苹果，于是徐老太去市场上买苹果。四家销售苹果的水果摊挨在一起，但是徐老太并没有在最先路过的第一、第二家购买苹果，而是在第三家购买了一斤，更让人惊讶的是在第四家又购买了两斤。

徐老太遇到第一家卖苹果的商贩甲，问道：“你家的苹果怎么样啊？”商贩甲回答说：“我的苹果又大又甜，特别好吃，要不要来点？”徐老太摇摇头走开了。商贩甲在不知道徐老太需求的情况下单单讲述产品卖点，属于无效介绍，无法成交。

徐老太走到第二家卖苹果的水果摊，问道："你家的苹果是什么口味的？"商贩乙有些尴尬地回答："我刚刚上的货，还没来得及尝呢，看表皮红通通的应该是非常甜的，您要不要亲自尝尝？"徐老太没有搭理他就走了。商贩乙根本不清楚产品的卖点是什么，所以难以说服客户买他的苹果。

第三家卖苹果的商贩丙见状问道："您想要什么样的苹果，我这里品种很全，一定有您满意的。"徐老太说："我想要口味偏酸一点儿的苹果。"商贩丙答道："这种苹果是黄元帅，口感略酸，符合您的要求，请问您要多少斤？"徐老太说："那就给我称一斤吧。"商贩丙把握住了客户需求，但是没有挖掘客户需求背后的动机，属于客户自主购买，没有将销售单值最大化。

路过第四家卖苹果的商贩丁时，徐老太又问道："你家的苹果怎么样啊？"商贩丁答道："我家的苹果很好的，回头客非常多。请问您想要什么样的苹果呢？"（探寻需求）徐老太回答说："我想要酸一些的。"商贩丁问道："大家都想要购买又大又甜的苹果，您为什么想要酸苹果呢？"（挖掘需求背后的动机）徐老太说："我的儿媳妇怀孕了，想要吃酸苹果。"

商贩丁说："您对儿媳妇真好，将来您的儿媳妇一定给您生一个大胖孙子（通过赞美拉近与客户之间的距离）。几个月之前，这附近也有两家要生孩子的，就是来我这里买酸苹果，您猜怎么着，这两家都生了儿子（讲案例故事，构建情景，引发客户憧憬）。您要来几斤（封闭式提问，默认成交，不给客户拒绝的机会）？"徐老太被商贩丁说得非常高兴，答道："我再来两斤吧。"

商贩丁又向徐老太介绍其他水果："橘子也很适合孕妇吃，口味酸甜，还富含多种维生素，特别有营养（关联销售，将销售单值最大化）。您的儿媳妇要是知道您不仅给她买了她爱吃的苹果，还买了橘子，她肯定开心（引发愿景）！"徐老太答道："好，那就来三斤橘子吧。"商贩丁又开始赞美徐老太："您人可真好，哪个儿媳妇摊上了您这样的婆婆，实在太有福气了！"

商贩丁还告诉徐老太他的水果每天都是早上5点进货，天天卖光，保证新鲜，要是吃好了，让徐老太再过来（肯定客户的购买决定，让客户踏实，建立客户黏性）。徐老太被商贩丁夸得非常开心，说道："要是吃得好，我把我的朋友们都介绍过来买。"商贩丁最后还说："您下次要是带朋友来买我的水果，我再送您一些新鲜水果！"（培养客户忠诚度）老太太提着水果，满意地回家了。

销售高手与普通销售人员之间的一个显著差异是讲故事能力的差异。以上案例告诉我们，会讲故事的销售人员与不重视讲故事的销售人员相比，开单更容易。所以说，销售人员培养讲故事的能力至关重要，下面就来看看如何讲故事。

步骤一：找到故事切入点

找到故事切入点的前提是准确捕捉客户的心理需求，用故事包装产品的独特销售主张（USP），进行感性诉求。故事切入点一般分为以下三种：第一种是以理服人（产品性能卓越、功能独特等方面）；第二种是以利诱人（例如产品价格低、促销力度大等）；第三种是以情动人（人与人之间的情绪互动）。

步骤二：明确讲故事的目的

讲故事的目的不同，故事在销售过程中的作用也就不同。有的故事是为了证明产品的真实性和受欢迎程度，此时最好的故事就是用客户熟知的老客户案例说服客户，说明产品的销售量高、好评度高。

还有一些故事是为了打动客户，引起客户的共鸣，让客户在价值观方面保持一致。比如戴比尔斯的“钻石恒久远，一颗永流传”。销售人员利用该故事感动了无数追求真爱的男女，促进了钻石的销售。

步骤三：组成故事

首先，收集、整理、归纳原材料，丰富故事储备。当你开始重视通过讲故事来进行销售时，你会发现这一手段早已经被广泛应用在企业广告以及公关活动中了。你可以借助自己喜欢的明星偶像来讲故事，也可以通过图片广告来讲故事，这些都是客户熟知的素材，说服力更强。另外，阅读、观看、借鉴他人的做法有利于销售人员有意识地学习，并迅速收集、整理，归纳成自己的故事集。

其次，讲故事前，想方设法让客户讲出他的故事。通过倾听客户的故事可以了解客户的价值观、购买偏好、人生经历与乐趣以及真正的购买决定权在谁手上。客户如果愿意分享他的故事，并且分享的故事越是隐私，说明他对销售人员的信任度越高。

步骤四：引起客户的情感共鸣

为什么好故事会被一代代流传下来？关键在于其中的情感因素。故事很少以理服人，也不会以利诱人，而是通过事件起伏带动人们的情感起伏，最后让人们接受它所蕴含的道理。讲故事的关键在于锁定、创造、满足客户的情感需求，通过故事把客户带到有利于销售的情境中。因此，编辑故事时应当抓住最有利于销售、对客户的购买决策最有冲击力的细节，而不是只是完整地讲述故事。

步骤五：始终以客户为中心

故事是讲给客户听的，所以在设计故事前，销售人员必须分析客户，包括客户特征是什么，他们喜欢听什么样的故事、这些故事的情感元素是什么、他们更容易接受哪种语言等。

另外，好故事应当与客户息息相关，故事愿景中有客户的存在。对于客户来说，好故事可以让客户立刻想到自己，可以让客户联想到他拥有或使用产品后的一切。而且，这种愿景应当比他当前的现实生活更加美好和具有诱惑力。

步骤六：展现出“用心”的效果

一个好故事应当将客户的购买热情从 99 度推向 100 度。同样的故事，销售人员是否用心讲，最终的结果有很大差别。那么，销售人员如何在讲故事的过程中展现出“用心”效果呢？

第一，与客户的目光接触，对客户表示关注；第二，要随着故事情节发展变化表情，表明自己的感情投入，突出故事的真实性；第三，用简明、直接的语言来讲故事，避免语焉不详，让客户理解错误；第四，注意目标客户喜欢使用什么样的词，并加以配合；第五，尽量为故事提供视觉材料，在语言中引入尽可能多的感官词汇，引发客户产生积极联想；第六，及时结束故事，根据客户的反应把握好讲故事的时间。

销售高手与普通销售人员之间的一个显著差异是讲故事能力的差异，顶尖销售高手通常都是讲故事的高手，讲故事的能力可以通过后天练习提升。如果你还不会讲故事，那么从现在开始学习还不晚。

1.3 用故事，把想法装进客户脑子里

企业无论大小，都需要通过故事传播口碑，一个动人的故事，能让企业的产品、形象、思想快速传播开来。销售人员也可以通过故事传播一种观念、一种思想，用故事把想法装进客户的脑子里，提升自己的成交额。

罗丽是上海史泰博公司一家办公用品专卖店的销售人员。有一次，一位女客户一直在办公座椅区流连，然后问罗丽："你们家的办公椅怎么卖？"

罗丽扶着其中一把座椅说："这把办公椅是 1800 元，而旁边那一把椅子是 2100 元的，请您到那边的沙发上坐下来，我们再谈吧。"

客户说：“谢谢，还是不用了，我今天只是先看看，你们家的座椅明明看着没什么特别，怎么比别人家的价格高出了将近一倍啊？”

罗丽立即回答说：“小姐，这里面的学问大了，您可以试坐一下我们家的座椅。”

客户分别在几把座椅上坐了片刻，说：“我觉得没什么特别啊，只是比起别人家的座椅要硬一些。”说完，客户开始研究这几把椅子，显得犹豫不决。

罗丽发觉了女士的犹豫，微笑着对她说：“不知您是否有关注过新闻，前一段时间，居住在厦门的刘小姐洗完澡后像往常一样坐在电脑桌前的气压升降椅上吹头发。突然‘砰’一声巨响，椅子就炸开了。刘小姐当即摔在地上，幸好她的弟弟及时赶到将她送往医院。医生从她腹腔和臀部取出几十块铁环、螺丝和碎片，幸好命保住了。有一些不幸的，因为椅子爆炸当场死亡的也不是没有。”

客户非常惊讶：“怎么会这样？”罗丽回答说：“这一切悲剧的根源就是他们使用了无品牌或杂牌的座椅，而这些座椅使用的劣质气压棒是无国家和行业安全认证的。您既然来到我们店应当也是听过史泰博这个品牌。史泰博是一个美国办公用品品牌，产品质量在行业内是数一数二的，在世界范围内得到了广泛认可。”

客户说道：“看来买座椅还是不能贪小便宜，否则吃大亏呀。不过，我有一点想不通，你们家的座椅比较硬是什么原因？”

罗丽回答说：“我们家的办公椅内部都安置有弹簧，只不过2100元的这把比1800元的这把安置的弹簧更多。使用我们家的座椅，刚开始坐上去会感觉硬，但因为它是依据人体结构进行设计的，解决了人久坐后会感觉疲倦的问题。另外，弹簧数量越多，就越不容易变形，不仅不影响坐姿，还可以矫正错误坐姿。可以说，我们家的座椅不仅有质量保证，还对人的健康有利。这就是我们家的座椅比别人家的座椅更贵的原因。”

发现客户还在考虑，罗丽接着又说：“其实，您可以买这把1800元的座椅，在保护人体健康和使用寿命上也是很不错的。您觉得哪把椅子更适合您呢？”听完罗丽的话，客户决定买下那把2100元的椅子，毕竟与金钱相比，人体健康是无价的。

可以发现，罗丽向客户推销座椅的过程中，讲述的新闻故事对客户起到了很大的促销作用，使客户认识到了健康的重要性，进而选择了更贵的座椅。

1.4 故事要讲到客户心坎儿里

对销售人员来说，最重要的事情是如何通过故事凝聚品牌最独特的销售主张，并能够精准地捕捉到客户的心理需求。讲故事并不是要求销售人员通过一个故事就让客户下定决心下单，而是要通过故事传递没有直接说出口的信息。将故事讲到客户心坎儿里，可以显著提升目标客户的情感偏好度，最后使客户基于情感偏好而下单。

很多时候，客户走进店里，并不是因为门店的形象多么与众不同，而是因为在来之前就已经听说了这个品牌，奔着这个品牌而来。任何媒体对品牌的诠释都是片面残缺、苍白乏力的，只有走进专卖店里，客户才能发现有血有肉的品牌，了解产品、服务、人员、陈列、推广物料等到底是什么样的。

然而，客户无法看到品牌的过去，而这个过去的故事常常值得回忆。一个百年老字号，让现代人充满了怀旧情怀和对历史的无限遐想；一个家喻户晓的品牌，客户同样对它的过去充满兴趣，渴望探究。销售人员应当了解所在企业的发展历程、创始人经历的风风雨雨以及这个企业里英雄人物的杰出贡献，所以，销售人员无疑是这个品牌故事的最佳讲述者。

基本上，每一家企业都有这样的一句话品牌故事，它虽然只有一句话，却凝聚了整个品牌形象，集中体现了企业或品牌的灵魂。比如苹果的“活着，就是为了改变世界”（图 1–1），海尔的“真诚到永远”（图 1–2）等。这样的一句话品牌故事往往会与其他品牌形成明显的差异化标志。

活着，
就是为了改变世界。
——Steve Jobs（1957—2011）

图 1-1　苹果的一句话品牌故事

很多客户买产品的时候总会有这样的困惑：看了大量不同品牌的产品，觉得都差不多，根本不知道它们有什么特质和差异。归根结底，就是因为销售人员没有把故事讲到客户的心坎儿里。只有把故事讲到客户的心坎儿里，才能真正打动客户，让客户将特定印象与产品对应起来。

图 1-2　海尔的一句话品牌故事

一个没有故事的品牌必然是空洞、稚嫩的，而一个缺少品牌故事的销售过程同样是没有说服力的。很多销售人员不喜欢了解企业的历史，认为自己卖的是产品，只要能够把产品卖出去就是最大的成功，这种想法是幼稚的。日本松下电器公司创始人松下幸之助有一个著名的产品经营理论叫作“嫁女儿理论”，“女儿”的身价如何，不仅取决于女儿的长相，还跟她的娘家背景有很大的关系。

销售人员向客户讲述品牌故事是最大限度地满足客户深层感情需求的体现。客户选购产品的时候是感性动物，当他决定购买某个品牌的产品时，一定是因为他内心深处有最独特的情感体验。在这种情况下，把故事讲到客户心坎儿里便可以更好地激发客户的购买欲。

1.5　让故事有层次，激发客户好奇心

任何客户都存在好奇心，好奇心的驱使是一种有效的客户行为

动机。对于自己不知道的东西或事情，客户普遍感到好奇，对了解一些而有很多还未了解的事情，客户更是好奇。

利用好奇心吸引人的做法在文学作品中很常见。例如，连载的小说往往非常“折磨人”，因为总是在讲到小高潮的时候，故事就没有了下文，只能等待下一次更新。对于读者来说，等待小说更新的过程是非常煎熬的。同样地，如果销售人员善于激发客户的好奇心，客户就会被牵制，销售人员就有机会发展客户关系，给客户创造需求，进而获得与客户交易的机会。

深圳一家销售全面胶黏剂的大型商店正在推广一种新型“强力万能胶水”。为了吸引更多的客户，店长用这种胶水把一枚价值千元的金币粘在墙壁上，并宣称：“谁能把金币取下来，谁就是金币的主人。”一时间，这家商店门庭若市，上前一试的人也非常多。然而，大家都是用尽全力依然没能将金币取下来，就连身强体壮的大力士也没能取下金币。还有一位自称“力拔千钧”的“大师”专程赶来取金币，最后也是空手而归。于是，这款强力万能胶水得到了大家认可，销量迅速增长。

对于未知，人们都有一种一探究竟的心态，这就是好奇心。在销售过程中，利用客户的好奇心理，采取以“奇”制胜的独特方式，往往可以赢得客户。那么，如何激发客户的好奇心呢？下面是两种简单可行的方法。

第一，把话说一半。为了吸引客户的注意，在一定程度上控制他的思想，不妨试试“欲言又止”，把话说一半。很多销售人员致力于满足客户的好奇心，却没想过激起他们的好奇心。如果只为客户提供信息，在拜访客户时，竭尽全力说服客户购买产品的必要性，陈述产品给客户带来的好处，客户很少会动心。例如，在讲解产品优势时，你可以采取迂回的方式，告诉客户只有在实际的操作中产品优势才可以完美地展现出来。

第二，显露价值的冰山一角。显露价值的冰山一角也是一个激发客户好奇心的有效策略。因为客户最在乎产品给他们带来的价值是什么，如果给他们看到一点诱饵，客户就会开口询问更大的价值，销售人员就达到了主要目的。

价值诱饵使客户主动邀请销售人员进一步与他们讨论需求与解决方案的问题，以下是一些例子。销售人员："如果我们的产品能帮您提高生产效率，您有兴趣听一下具体方案吗？""我可以对您的方案进行一些改进，极大地提高您的投资回报率。您希望我详细解释一下吗？""有用户通过我们的方案节省了大量资金，你想知道是怎么办到的吗？"

客户非常容易被"提高生产效率""提高投资回报率""节省资金"等字眼吸引。那些有责任心、积极进取的客户在听到这些话之后都会热切地想要了解更多信息，这样，你就获得了一个愿意付出时间和精力并充满好奇的客户。

当人对某一事物产生好奇的时候，便有了努力去探讨的愿望。销售人员要想使自己的产品引起客户的兴趣，就要设法使客户对产品产生好奇。好奇心是"心灵的饥饿"，没有人可以抵挡住好奇心的诱惑。当你试图与客户建立联系却遇到难以克服的障碍时，就需要利用人们与生俱来的好奇心理作为攻坚利器，借助客户的好奇心理与客户建立起联系。

1.6 场景训练：登门槛效应

日常生活中有这样一种现象：在你请求别人时，如果一开始就提出较高的要求，很容易遭到拒绝；如果你先提出较低的要求，别人同意后再增加要求的分量，则更容易达到目标。这就是登门槛效应，如图 1–3 所示。

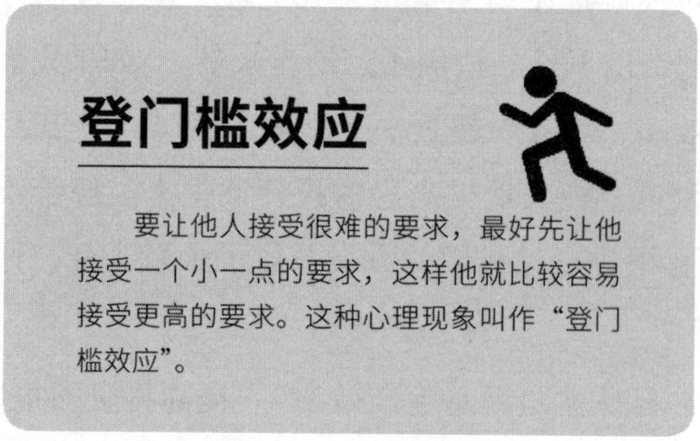

图 1-3　登门槛效应

美国心理学家弗里德曼和他的助手曾做过这样一项经典实验，让两位大学生访问郊区的一些家庭主妇。其中一位首先请求家庭主妇将一个小标签贴在窗户上或在一个关于美化加州或安全驾驶的请愿书上签名，这是一个小的、无害的要求。两周后，另一位大学生再次访问这些家庭主妇，要求她们在今后的两周时间里在院内竖立一个呼吁安全驾驶的大招牌，该招牌很不美观，这是一个大要求。结果答应了第一项请求的人中有 55% 的人接受了这项要求，而那些第一次没被访问的家庭主妇中只有 17% 的人接受了该要求。这种现象在心理学上称为“登门槛效应”。

对销售人员来说，如果一下子要求客户购买你的产品，客户一般会拒绝。而如果先向客户讲一个故事，逐步向客户灌输购买产品的观念，客户就比较容易接受。

在销售活动中，经常看到这样的现象，一个客户本来不愿意购买产品，但是销售人员先给他介绍一些和这个产品相关的故事，让他对这个产品产生浓厚的兴趣，一步一步攻破他的心理防线，这样，就会很容易实现销售目的。

销售人员王丽丽去拜访一位之前拒绝她的客户。

客户袁经理：“不好意思，我之前已经跟你说过，我们现在确实没有可以合作的大单子，再说把大单子交给你们我也不放心。”

王丽丽：“袁经理，我完全可以了解这一点。一个没有过合作的双方都不知道对方的接单能力、质量或付款速度。正是因为您有这个顾虑，我才要跟您联系。当然我也不强您所难，您看是不是可以先发一些量特别小，又不着急用的单子，如果我们到时做得不好，也不会影响您的进度，当然出了那种问题，我们是不会收取任何费用的。”

王丽丽留出时间让客户稍作思考，然后她说道：“目前和我们公司合作的客户，也有像您公司一样的大客户，甚至比您公司规模大一些的客户也是有的。最初的时候，他们也对我们不放心，但是与我们合作后才发现，我们可以高效、高质地完成单子。现在，很多客户已经将我们列为首要合作商了。”

袁经理：“好吧。我先发给你一个小单子，不过得三天内交货，质量不行或速度不行我们不会付钱的。”

三天后，交货完成。

王丽丽："您看我们的速度和质量都还不错吧。我们公司的价格和其他同行的报价相比低了一些，但是质量丝毫都不差。袁经理，您看这样行不行，我们公司与您合作的第一次大单子，我会向公司申请给您打个九五折，让您拿到最优惠的价格。"

袁经理："好吧。"

俗话说得好，"心急吃不了热豆腐。"做什么事都不能太着急，否则就会得不偿失。销售人员应当学会利用登门槛效应，先用故事接近客户，说服客户，然后再提升自己的销售额。

1.7 场景训练：聊天给人传递专业感

很多销售人员都遇到过这种情况，明明自己的产品无论是质量还是价格都有明显优势，可客户就是不买。对于销售新手来说，这种情况更为常见。

仔细分析就可以发现，销售人员基本的礼节、说辞都没有问题，对产品的介绍也比较客观，但当客户问出"买这个好，还是那个好""现在买划算，还是等半年再买合适"之类的问题时，他们的表现总是不能令客户满意。有些销售人员可能会说"全凭您的个人喜好"，当客户听到这种不专业的回答时，只会果断离开。

与销售人员聊天的时候，客户总是反复咨询那些自己不熟悉又关系到自己切身利益的问题，这时销售人员能不能给出专业建议尤为重要。

杨军夫妇打算在北京朝阳区立水桥小区买一套两室一厅的二手房，面积在100平方米左右，预计总花费为450万元。通过房产中介程成，他们利用一上午的时间看了小区内的五套房子，杨军夫妇比较满意的有两套。一套是邻近街道，装修上等，总价458万元的房子。另一套是小区中心位置，面积相等，无装修，总价445万元的房子。

而杨军妻子已经怀孕三个多月，害怕装修后室内有害气体影响到孩子。于是她就问程成："小程，你觉得这两套房子哪个好？"程成回答："装修好的房子价格高点，好在有装修；装修差点的房子价格低，两者各有优势，就看您自己的选择了。"

杨军曾经做过销售人员，由此看出来程成是个新手，不可能提供专业的建议。于是，杨军夫妇找了借口去找其他中介人员咨询，最后在别人那里成交了。

程成把情况告诉了店经理，店经理问他："如果买房子的是你，你会怎么办？"程成说："当然买小区中心位置没装修的那个房子了。可以先租一个房子，等房子装修好过几个月再搬进去，毕竟这个房子至少要住十几年。"店经理呵斥道："既然你知道，客户需要专业建议的时候，你为什么不说？"

客户问的问题五花八门，对于销售人员而言，只有积累丰富的专业知识，拓宽自己的知识面，才能给客户专业性的回答，传递专业感。

要想成为一个专业的销售人员，充分了解自己的产品是基本要求。比如，房产中介不必去炫耀自己比任何中介都更熟悉市区地形。事实上，当你带着客户从一个地段到另一个地段到处看房的时候，当你对一处住宅做详细介绍的时候，你的行动已经表明了你对房屋的熟悉程度。

王刚退休后，手里有不少积蓄，想做些投资，犹豫是买股票还是买商铺。这天，深圳一家地产公司的销售人员赵健给王刚打电话推销深圳宝安的商铺，不买的话也可以当作免费旅游。赵健在大巴上把商铺从地理位置、政府的规划到项目开发商的实力等方面的优势一一说给王刚听，又结合所带的宣传资料进行了对比，王刚有些动心了。

到现场参观后，王刚感觉比较满意。这时，王刚说，他一个朋友正在投资股票，最近赚了不少，自己得回去和老伴儿商量一下，是买股票，还是买商铺，毕竟退休的这些钱是养老用的。赵健这时慌了，又想起自己的店长也做了几年股票，对股票研究颇深，于是叫店长来解说。店长通过分析得出了，投资股票风险太高，投资商铺更稳妥的结论，而王刚现在不适合风险太高的投资。终于在店长的分析下，王刚买了一个商铺。

不是每个销售人员都像赵健一样，能够恰好有店长帮忙。最好的解决方法是平时拓宽自己的知识面，做到不仅是本行业的专家，还是多数行业的杂家。这样客户才会对你的专业性、权威性给予认可。

练习题

1. 当新客户前来产品展示区参观时，你会如何利用故事引起客户的好奇心，将他们转化为潜在客户？

2. 尝试从自身经历出发，讲述一个对你产生了深刻影响的故事。

3. 当客户对产品产生兴趣，却觉得价格过高时，你该讲一个怎样的故事，让客户接受这个价格？

4. 假如你是一名汽车销售人员，客户正在买车与买商铺之间犹豫不决，你该讲一个怎样的故事，打消客户的顾虑？

5. 当客户拒绝购买保险时，你应该如何借助“登门槛效应”，促使交易成功?

____

____

____

第 2 章
好故事的四种基本特征

什么是好故事？每个人都有自己的标准。但是对于销售人员来说，向客户讲述的故事好坏只有一个标准，即具有时机性，适合讲给当下的客户听；具有共鸣性，有些东西能够让客户感动；具有互动性，通过提问增强客户的参与感；具有顿悟性，能够让客户领会故事表达的意思并实现销售人员的意图。

2.1 时机性：在不同的环节讲述不同的故事

讲故事是一名销售高手需要具备的基本技能。在销售过程中，有四个环节需要销售人员讲故事，不同的环节适合讲述不同的故事，如图 2–1 所示。

在向客户推销自己的过程中，销售人员应当摒弃那些老生常谈的开场白。你可以通过与众不同引起客户的注意，成功把客户的注

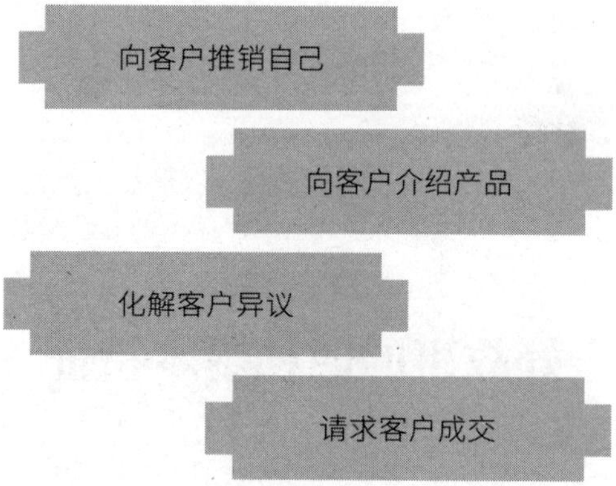

图 2-1　需要销售人员讲故事的四个环节

意力从手头工作上转移到你的身上。

顶尖的销售高手会通过一个故事向客户推销自己。同样的故事，不同的人可以从不同的维度解读。向客户讲产品故事不一定非要讲产品的设计理念、研发过程等，只要抓住客户的关注点，在细节描述上下足功夫就够了。

例如，一个软体家具销售人员向客户推销双人床的时候，说道："我们的床没有震感，睡在同一张双人床上，一个人起床了，另一个人完全没有感觉。"这样的产品介绍显然无法打动客户，因为你没有创造出画面感。

这位销售人员可以这样说："您应当有过晚上应酬很晚回到家里的经历吧，您的老婆在家里等了一个晚上，终于等到您回家一起休息了。两个人本来都很辛苦，可是您酒喝多了，半夜要起床去洗手间三四次，如果每次起床床垫都有震动的话，您让老婆一个晚上怎么睡觉呢？"这样一来，客户通常会被打动，从而买下没有震感的双人床。

跟客户讲产品故事，应当尽量抓住产品使用过程中的细节问题。只有让客户的大脑中出现了画面感，才能真正打动客户，才能称为一个好故事。

讲故事也是化解客户异议的一个好方法。客户的异议可能是产品方面的，也可能是服务方面的。很多销售人员在处理客户异议的时候喜欢跟客户讲道理，这种方法效果并不好。通常情况下，在客户心理放松、心情愉悦时，成交率是最高的。当客户出现异议的时候，你应当保持冷静的头脑，仔细回想一下是否曾经有客户提出过类似的异议，当时客户是否成交，客户的决定对后来的生活造成了怎样的影响等。

一个老客户的故事可以让客户产生信任感，老客户的故事可以这样讲："您放心吧，我们的服务不会让您失望的。虽然我在上海开店，但是还有北京的客户到我店里来买产品。为什么？我的一个老客户原来是在上海做生意的，生意做大了去了北京发展，等到家里新房装修的时候，全北京转了个遍，结果还是跑到我这里来买产品，她跟我说，逛了那么多家还是你们家服务最好，我宁可舍近求远开车来找你，就是信得过你们家的服务。"

如果能够向客户展示老客户订单，说服效果会更好。比如，有的销售人员会邀请使用自己产品的客户，拍一段视频谈谈自己对产品使用的感受，然后放在自己的微信公众号上，以增强销售的说服力。

请求客户成交时也可以通过讲故事的方式进行逼单，特别是对于那些犹豫不决的客户。对销售人员来说，讲故事可以测试客户的购买意向到底有多少。对客户来说，可以从别人的故事里寻找力量，从而说服自己购买。

销售人员应当根据销售环节的不同，为客户选择时机恰当的故事。如果时机不对，无论故事的内容多好，都起不到应有的作用。

2.2 共鸣性：利用故事打动客户的心

销售高手与普通销售人员的差异在于讲故事能力的高低。可以说，讲故事的高手就是顶尖销售高手。那么，销售人员如何才能讲好故事，让客户产生共鸣，从而打动客户的心呢？

销售人员讲故事是为了说服客户，这种情况下，要想讲好销售故事，首先要考虑的就是故事是否存在隐喻，是否可以引起客户的共鸣。如果文不对题，没有令客户感动的东西，再精彩的故事也很难达到预期效果。下面是聚美优品创始人陈鸥为聚美优品代言时讲述的三个故事，由于共鸣性非常强，都取得了很好的传播效果，如表 2-1 所示。

表 2-1　聚美优品创始人陈鸥为聚美优品代言时讲述的三个故事

发布时间	片名及时长	文案	相关数据
2011 年 7 月 18 日	聚美优品 陈欧广告片 TVC 30 秒	我是陈欧，聚美优品创始人。蜗居裸婚都让我们撞上了，别担心奋斗才刚刚开始，“80 后”的我们一直在路上，不管压力有多大，也要活出自己的色彩，做最漂亮的自己。相信我们，相信聚美！我是陈欧，我为自己代言！	优酷播放 97.2 万 微博转发 7000+ 评论 2000+

续表

发布时间	片名及时长	文案	相关数据
2012 年 11 月 7 日	2012 年度 聚美优品 全新励志大片 1 分 30 秒	你只闻到我的香水，却没看到我的汗水；你有你的规则，我有我的选择；你否定我的现在，我决定我的未来；你嘲笑我一无所有，不配去爱，我可怜你总是等待；你可以轻视我们的年轻，我们会证明这是谁的时代。梦想，是注定孤独的旅行，路上少不了质疑和嘲笑，但，那又怎样？哪怕遍体鳞伤，也要活得漂亮。我是陈欧，我为自己代言！	播放数据暂无 微博转发数 43 万 评论数 6000+ 点赞数 4000+
2013 年 11 月 19 日	聚美优品 2013 励志大片 光辉岁月 我为自己代言 1 分 48 秒	从未年轻过的人，一定无法体会这个世界的偏见。我们被世俗拆散，也要为爱情勇往直前；我们被房价羞辱，也要让简陋的现实变得温暖；我们被权威漠视，也要为自己的天分保持骄傲；我们被平庸折磨，也要开始说走就走的冒险。所谓的光辉岁月，并不是后来闪耀的日子，而是无人问津时，你对梦想的偏执，你是否有勇气（我有勇气），对自己忠诚到底，我是陈欧，我为自己代言！	优酷播放 154 万 微博转发 3 万 评论 3000+ 点赞 6000+

一个可以引起客户共鸣的故事应当具有以下三个特征，如图 2-2 所示。

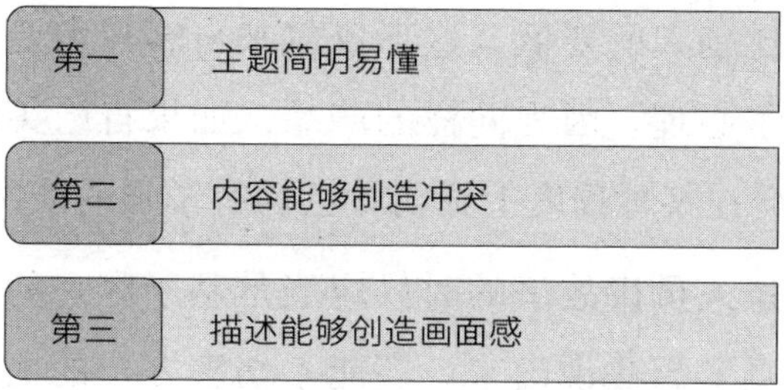

图 2-2　一个可以引起客户共鸣故事的三个特征

第一，主题简明易懂。众所周知，写文章之前首先要明确文章的中心思想，否则很容易天马行空，内容偏离主线。讲故事也一样，首先得确定故事的主题是什么。例如，《何以笙箫默》这部电视剧本身的内容很好，但是如果在不了解内容的情况下看名字，大多数人可能不知其所以然，这样的故事主题显然是不理想的。

一个好故事，单看主题就应当让人理解在讲什么。比如，你可以采用一个动作来做故事主题，比如《搭错车》，也可以采用一个人物来做主题，比如《如懿传》，甚至也可以采用一个物体来做主题，比如《红河谷》。只要主题是大家所熟悉的、容易理解的，就可以作为故事主题。

对销售人员来说，故事的主题一般分为三类，即关于人物、关于产品、关于服务。明确自己要讲哪一种故事后，便可以据此简单地展开。

第二，内容能够制造冲突。如果用平铺直叙的方式跟客户讲故事，很难让客户产生听下去的兴趣，所以好故事应当能够制造冲突，有起伏，有悬念。

对客户来说，用最低的价格买最好的产品和服务是理所当然的追求。尽管大家都明白一分钱一分货，但是所有人依然希望自己买到的产品价格比别人的要低。这不仅仅来自客户贪便宜的心理，还出于客户的竞争心理。因为同样的产品，如果自己买的价格比其他人的要低，也会在某种程度上证明自己拥有较强的谈判能力。

因此，销售人员讲故事的时候应当是基于客户的真实情境，既能引导客户把真实想法说出来，还能不伤害客户的面子，同时还要巧妙地告诉客户低价和高质是无法两全的。

制造冲突的故事有两种：一种是讲美好故事，另一种是讲恐怖故事。你可以用美好故事告诉客户，有位客户因为舍得花更多的钱买到了更好的产品，生活品质有了很大提升，正向鼓励客户要舍得用更多的钱买更好的产品。用恐怖故事告诉客户，有位客户因为贪便宜花低价买到了劣质产品，遭遇了一些惨痛经历，从反面引起客户的警惕。

第三，描述能够创造画面感。在生活中跟朋友讲故事，通常会有时间、地点、人物、经过、结果的细节描述，但是在销售中跟客户讲故事不一样。因为客户不会留出太多时间听销售人员讲一个“Long long ago”的故事。所以，销售人员应当明确自己讲故事的目的是什么，然后将一件看起来很复杂的事情用一个词或者一句话概括出精髓。

通过描述引导客户进入情境想象，产生画面感不是一件容易的事情，需要销售人员能够讲述生活中的场景，语文功底要求比较深。而且，那些不热爱生活，不懂得感性销售的销售人员很难完成这个工作。“我们卖的不是牛排，而是牛排的嗞嗞响。”这句话就很有画面感。“牛排的嗞嗞响”是一种听觉刺激，还能引起视觉联想、味觉联想，甚至还有嗅觉的联想，这就是创造画面感的作用。

如果你的故事能够满足以上三个特征，那么一定能引起客户的共鸣，让客户感动。

2.3 互动性：在故事中加入互动与沟通

如果销售人员自己侃侃而谈，而客户在一旁插不上话，这完全算不上一个成功的销售。一个好故事一定是具有互动性的，让销售人员与客户能够有来有往地进行交流。主动向客户提问是创造有效互动、挖掘客户需求、吸引客户注意力和时间的有效方法。

著名的保险销售顾问弗兰克·贝特格（Frank Bettger）曾提醒销售人员说："最好不要打断客户的声音，一定要静下心来等待。耐心等待说话的机会，巧妙地利用提问，让客户停下来与你说话。成功的销售最为关键的是巧妙提问。"

雷安是中国平安保险公司的一名销售经理，他曾有一个叫姜东元的客户，是一个成功的企业家。在见到雷安之前，姜东元对推销员的态度永远是：离我远点。为了拿下姜东元这个客户，雷安费尽了心思。

有一天，雷安终于做足了准备，决定去和姜东元面谈一次。见面后，雷安很有礼貌地说："姜先生，您好，我是中国平安保险公司的销售经理雷安，是您的朋友吴迪先生介绍我过来的。"说完便把准备好的吴迪先生亲笔签名的名片递给了他。

姜东元一听是一个推销员，脸立即拉了下来，瞥了那张名片一眼就把它扔在了桌子上，不耐烦地说："又是一个推销员。"雷安顺势说："是的……"姜东元有点气愤地说："你已经是今天第四个推销员了。拜托你们，我真的还有很多事要做，不可能花时间听你们这些推销员胡言乱语。"

雷安还没来得及进一步说明情况就被姜东元打断了话。听了姜东元抱怨的话，雷安并没有就此退缩，接着又说了一句话："我今天来只打扰您两分钟，请允许我做个自我介绍就行。我这次来只是想和您约一下明天的时间。您看是上午还是下午？您只要给我 20 分钟就够了。”姜东元依然表现得很不耐烦，说：“我说过了，我很忙，有很多事要做，根本没有时间。”

面对姜东元的一再拒绝，雷安仍然没有退却，并且用了整整一分钟的时间仔细地看了姜东元放在地板上的产品，然后指着它们说：“这些产品都是您公司生产的吗？”姜东元一脸不屑地说：“是啊。”

雷安虽然感觉到姜东元很生气，但他没有理会他的情绪，接着问道：“您做这一行多长时间了？”姜东元的声音稍微有了一些缓和，回答说：“快20年了。”

雷安接着又问：“您为什么选择做这一行的呢？”这时，姜东元神态缓和了很多，仰身靠在椅背上，语重心长地说：“这说来话可长了。我17岁就开始从事这一行，在一家工厂没日没夜地干了整整10年，后来就自己开了现在这家公司。”

雷安一听，心中暗喜，说明他的这句提问起作用了，已经不知不觉地打开了姜东元说话的欲望。接着，雷安继续问道：“您是北京本地人吗？”姜东元的怒气这时已经完全消失，回答说：“不是，我老家在山东。”

雷安又问：“那您肯定是年龄不大的时候就离家了吧？”

姜东元听到这儿，开始回忆自己的辛酸历程，说：“我从14岁就离开了家，曾在上海待过一阵，后来又辗转来到了北京，之后就一直待在这儿了。”

雷安顺势问道：“那您出来开拓事业一定受到家里资助了吧？”

此时，姜东元已经面带微笑了，很自豪地说：“我家庭条件不好，家里不能给我提供帮助，我完全是白手起家靠自己干到现在。现在，我的公司资产已经达到2000多万元了呢。”

雷安接着说："我认为这些产品的生产过程肯定是很有意思的，我能不能亲眼看一看呀？"姜东元站起来走到雷安身边，说："没问题！我为自己的产品感到骄傲。我相信我们公司的这些产品在市场上是最好的。走吧，我现在就带你到工厂里走走，去看看这些产品是怎么制造出来的。"然后，姜东元把手搭在雷安的肩膀上，陪着他一起去参观公司的工厂。

虽然雷安成功地与姜东元打开了交流的局面，但是第一次和姜东元见面，雷安并没有向他推销任何保险。然而在以后的几年里，雷安向姜东元卖出了 10 多份保险，还向他的亲戚们卖出了 10 多份保险。在与姜东元的交往中，雷安不但从姜东元那儿赚了不少钱，还和姜东元成了好朋友。

雷安面对姜东元这样一个非常难搞的客户，通过巧妙的提问引导他讲述了自己的经历故事，拉近了双方距离，最终促成了销售。所以，销售人员应该了解提问对增强互动，拉近双方距离的重要作用。

通过上述案例不难发现，提问可以引导客户讲故事，从而有效挖掘客户需求。互动与沟通是销售人员了解客户想法、意见最简单的方法。无论是向客户讲故事，还是引导客户讲故事，都必须加入互动与沟通，而提问便可以实现这一目的。

2.4 顿悟性：让客户领会你的意图

销售人员刚刚进入公司或者在公司推出新产品时，都会接受产品培训。在这个过程中，产品经理或者技术人员会向大家解释清楚公司的产品是什么，有什么特点和功能，还会告诉销售人员这些产品是针对什么人群设计的。假设这个培训做得很好，销售人员都听懂了，意味着销售人员理解了自己销售的产品。但是，在这种情况下，销售人员可以保证很好地销售这些产品吗？答案是否定的。

很多销售人员自身具备了产品知识，但是却不能让客户理解。造成这问题的原因主要有两个：一是销售人员使用的语言枯燥，客户不感兴趣；二是销售人员使用的语言客户听不懂。通过一个故事将复杂的原理转化成客户的利益，往往可以解决这个问题。

刘虎是科达饮料灌装成套设备公司的销售人员，其潜在客户燕京啤酒公司情况：企业目前有两条 3500 瓶 / 小时的生产线，使用都已超过 5 年，设备频繁出故障，而且产能较低，在旺季供不应求。公司决定更新生产线。

某日，刘虎拜访了燕京啤酒公司主管设备的杨总。

刘虎："杨总，听说咱们公司目前有两条生产线，使用都有 5 年以上了，是吗？"

杨总："是这样的，一条使用 5 年了，另一条使用 6 年了。"

刘虎："国产生产线一般都使用四五年就到期了，咱们公司没有考虑更换这两条生产线吗？"

杨总："唉，是应该换了，可是上面没有批下预算，只能先这样了，毕竟还没有到非换不可的地步。"

刘虎："是这样呀，我有一个客户跟您公司的情况很像呢。"

杨总："是吗？他是怎么回事？"

刘虎："他们公司的生产线也是刚刚用过 5 年，设备毕竟老了，偶尔出问题，修过好几次了，淡季还好点，旺季的时候就非常麻烦，经常维修停产，影响运营。就拿去年来说，旺季总共停产累计 15 天，企业一天的损失就有 20 万元。当他们发现客户正在逐渐流失时，才意识到更换生产线的重要性。这不，今年年初他们换上了我们公司的设备，生产效率提高了很多。前两天还打电话给我表示感谢呢。”

杨总：“可以详细介绍一下你们的设备吗？”

刘虎：“当然可以，科达是国内领先的灌装设备制造商，设备可高速运转，每小时灌装 5800 瓶，可以解决贵公司旺季产量供不应求的问题；同时操作方便：全系统自动化控制，降低了人工成本；功能还很多样：可包装七种不同瓶型，换瓶型时都不需停运，避免了停产损失。”

杨总：“不错，不仅可以提高旺季产量，又可以包装多种产品，这正是我们公司想要的……我这就向上级申请经费预算。”

刘虎在向杨总推销设备的时候，如果单纯讲解设备的各项指标、功能，恐怕不会引起杨总的兴趣，最终的结果就是被敷衍过去。而刘虎通过一个老客户的故事让杨总认识到生产线不及时更换的弊端以及及时更换设备的好处，最终杨总表示向上级申请经费预算，成交的可能性非常大。

要想将自身拥有的产品知识转化成客户利益，让客户领会自己表达的意思并帮自己实现意图，首先需要深入地去理解客户，学会从客户视角看问题。下面再看一个销售案例。

韩志成是一位单身男士，在深圳工作，租住一间小公寓。中午的时候，韩志成会在公司用工作餐，晚上通常会在住所周围的小餐馆用餐，偶尔也会自己煮点面条。

这天，韩志成去逛商场。突然，有一位讲解员冲到他面前，非常兴奋地把他拉到一个产品前："请您来看看我们最新推出的一款机器人厨师，它是中国最好的机器人厨师，配有世界上最先进的 P4 芯片，里面存储了 8 万种菜谱。它拥有两箱三灶，并有无线遥控功能。这个机器人厨师由美国著名机械师亨利设计，它的外壳使用 FA 材料制作，功率只有 800 瓦……它的售价是 58800 元，现在我们做活动，只售 38800 元。"

很容易猜到，韩志成听到这番产品介绍，根本没有理会便转身去了别处。等韩志成从商场里出来，已完全忘记了讲解员说过的话。

那么，这段沟通为什么没有打动韩志成呢？首先，韩志成是一个单身男士，并不需要一个家庭厨师，所以对讲解员说的话不感兴趣。无论这位家庭厨师多么先进，韩志成都认为和自己没关系，也就不会被打动。

其次，这位讲解员说的很多话，包括韩志成在内的大多数非专业人士根本听不懂。他们不知道什么是 P4 芯片，也不知道什么是三箱两灶，更不知道什么是 FA 材料。

对于一个既没兴趣，也没搞懂是什么的东西，谁会花钱购买呢？因此，销售人员仅有产品知识是无法与客户进行有效沟通的。对于大多数客户来说，没有接触过专业的产品知识，所以听不懂专业的产品介绍，这就要求销售人员把它转化成客户听得懂的语言。

客户认识一件产品是从产品给自己带来的利益开始的，而销售人员熟悉产品是从产品的特点和技术性能开始的。这就导致很多销售人员常常在客户还没有确定自己是否需要产品时，就开始宣扬产品的技术如何先进、材料如何优越，结果只是白白浪费口舌。

客户购买产品是以利益为前提的，客户认识产品也是从利益开始的，如果你不知道自己的产品能够给客户带来哪些利益，就很难和客户沟通。所以，在与客户沟通之前，想想客户为什么要购买你的产品？产品的特点和技术优势能给客户带来什么价值？然后，先通过一个故事让客户认识到产品的价值，再去讲你的技术优势和特点，这样的沟通才会有效。

如果那位机器人厨师的讲解员这样说：“帅哥，还没结婚吧，想不想一下班，就有人给你准备好了美味的晚餐，就像拥有一个体贴的太太在家照顾你？看看这台机器人，三箱两灶，能够同时为你煮一份饭，烧两个菜，做一个汤，还能为你烤一份小点心……”这样，韩志成想必会更有兴趣了解。

2.5 场景训练：当客户不信任品牌时，故事可以这样讲

客户对产品不信任是一种很正常的现象。很多客户曾经遭遇过欺骗，买来的东西不能满足期望，从而对所有的产品都持有一种不信任的态度。信任是销售人员与客户心与心之间的桥梁，只有建立信任，才能成交。

下面来看看手机店销售人员徐亮是如何解决客户不信任产品问题的。

杨光和同学去一家手机店买手机，看上了一款手机，觉得样式

和配置都比较满意。等到交钱时，杨光反复向徐亮核实一些信息，甚至要让徐亮把一些承诺写下来。

徐亮一看这种情况，就知道杨光曾经被骗过。询问得知，去年杨光在一家手机店买手机，销售人员拿次品当优品去卖，在杨光发现后回去找那位销售人员，销售人员完全不承认自己说过的话。

针对这种情况，徐亮说："你看我们店的装修和规模，如果像您想的一样以次充好，早就要倒闭了，怎么还会经营得这么好。这是我们店的客户记录，昨天我们的老客户李女士还带朋友过来买手机了呢？您说的写承诺书也没什么问题，我会把能承诺的内容写到里面，如果还不放心您也可以录音。"

杨光一听，打消了自己的顾虑，果断买下手机，也没有让徐亮写条款，可是徐亮执意要写，写好后还给杨光一一讲解。后来，有四五个同学都是通过杨光的推荐专门来这个店里买手机的。

通过徐亮的案例可以知道，客户对产品不信任，故事可以这样讲。

首先，告诉客户："我们公司做的是口碑营销。现在我们公司的客户构成，老客户已经达到了百分之四十。如果我们的产品不过关，这些老客户不会再购买我们公司的产品。我们公司做的就是口碑积累，现在我们公司的产品销量一直都保持稳定上升。如果只开发新客户的话，不可能达到这种效果。"

其次，向客户展示一些数据。真实的数据可以让客户真切地感受到老客户比较多。这种数据的来源都是平时积累下来的，因此销售人员平时要做好客户的购买记录工作，尽量多留一些客户的个人信息，以增加数据的可信度。

最后，给客户一一讲解售后服务的具体条款。在讲解过程中，客户对公司产品会更加信任。因为产品不达标的公司，销售人员是没有勇气这么做的。另外，销售人员还可以列举老客户享受售后服务的例子，让客户感到这个公司产品以及售后服务确实可信。

事实上，在介绍产品的时候，销售人员就能够通过一些技巧消除客户的不信任。大部分销售人员介绍产品时都会不自觉地说自己产品的质量是如何好、如何过硬。想想也是，哪个销售人员愿意说出自己产品的缺陷呢，万一把客户吓走了呢。于是，刻意掩盖产品的不足，夸大产品的优势，成了一种商业共性。

然而，任何产品都不是完美的，不可避免地会出现一些小问题。销售人员为了让客户购买产品而强调产品的质量，无可厚非。然而，适当承认产品的一些不足，也许会取得意想不到的效果。无论产品多么好，销售人员也必须承认，它既有优点也有缺点。在销售过程中，为了尽快实现成交，一些销售人员会把产品的优势说得天花乱坠，但是对产品固有的缺点往往闭口不提。当客户发现真相后，销售人员做多少解释，都很难挽回客户的信任。

当然，向客户坦诚产品的不足不是简简单单将产品的所有问题都罗列在客户面前。向客户坦诚产品的不足之处也是需要技巧的。

第一，坦诚告知客户产品可能存在的风险。销售人员有时候担心把产品介绍得太详细会打击客户的购买热情，所以总是躲躲闪闪，希望客户不要去注意产品的问题。实际上，这样的做法是非常愚蠢的，除非你只想做一锤子买卖。

有的产品确实存在一定的风险性，所以，销售人员应当跟客户说明这些风险，让客户感受到你在关心他的安全。坦诚告知客户关于产品的一切，不仅是优点，还包括可能会出现的问题，并提醒客户注意，这才是真正高明的销售方法。

第二，主动说出一些小问题。从来就没有完美无缺的产品，客户都明白这一点。如果销售人员自始至终只提产品的优势，而对产品的不足绝口不提，客户不仅不会相信产品，反而会产生更多疑虑。为了打消客户的疑虑，销售人员应当主动说出一些产品的不足，说这些不足的时候，一定要让客户觉得你足够诚恳，从而认为你是值得信赖的。

需要注意的是，对于客户的顾虑，销售人员不是对任何事情都要实话实说。有些问题虽然可以说，但不能全部说出；有些问题是不能说或者不能如实说的。关于这些不能说出或者不好说出的问题，销售人员一定要格外注意，不要为了博得客户的一时兴趣就信口开河。

练习题

1. 当你在商场中遇到一个独身男士时，该以怎样的故事作为开头，向他介绍一款机器人厨师呢？

2. 机器人厨师对于单身男士的吸引点在哪里，你该如何利用故事引起他的共鸣，从而打动他的心？

____

____

____

3. 在与单身男士沟通的过程中，你是否成功引导对方进行讲述，增强故事的互动性？

____

____

____

4. 在为客户讲解产品的过程中，你可以尝试将大量的专业术语转换成更加通俗易懂的故事，让晦涩、枯燥的产品介绍更有趣味性。

____

____

____

5. 当客户不知道该挑选哪一款产品时，你可以讲述一个怎样的故事，在为他推荐合适产品的同时，展示自己的专业度？

____

____

____

第 3 章
好故事的五大要素

销售人员为客户讲故事遵循 SHARE 模型。S 即 situation，故事背景；H 即 hindrances，阻力；A 即 actions，行动；R 即 results，结果；E 即 evaluation，评价。在用 SHARE 模型为客户讲故事的时候，应当用生动形象的语言将五大要素串联成一个整体，从而加深客户的印象。

3.1 故事背景：故事的起源是什么

销售人员为客户讲故事一般有两种情况：一种是通过品牌故事达到让客户接受本品牌的目的，另一种是通过个人或其他客户的隐喻故事让客户的潜意识接受故事中的隐藏指令，进而改变信念和行为。

首先讲品牌故事的背景。一个优秀的品牌故事是可以穿越时空、常驻人心的。如 OLAY 的爱情故事、哈兰 · 山德士上校 65 岁建立肯德基的故事、海尔创始人张瑞敏怒砸 72 台海尔冰箱的故事等。

一个品牌故事应该包括所有故事的共同要素：什么时候、在哪儿、为什么。作为品牌故事，必须指出品牌最初被塑造的原因，即故事主角遇到了什么样的问题和机遇，这就是品牌故事的背景。从当前的品牌故事来看，其背景大概可以分为以下四类。

故事背景 1：发生创伤导致创始人对现状不满

这种故事背景非常常见。例如，创始人或者他的爱人遭遇某种疾病，但是市场的产品都不好，所以创始人研制了某种产品改变了现状。接着创始人就灵机一动，创造了某个品牌，后来逐步拓展产品线。OLAY、三个爸爸等品牌故事的背景都是这一种。

故事背景 2：创始人受到环境启发

欧美很多天然品牌的故事背景都是这种逻辑。创始人家里可能有一个薰衣草庄园、葡萄庄园，后院有一株特殊植物或者家旁边有一个温泉等，创始人就受到这些事物启发想做一个天然品牌。

故事背景 3：创始人对艺术的执着追求

大多数品牌的创业故事都是基于这种故事背景，包括苹果、小米等。因为创始人本身有惊人的天赋，基于灵感创造了一个品牌，然后通过执着追求，最终研制出艺术与功能相结合的产品，改变了人们的生活。

故事背景 4：阴差阳错

有少部分品牌就是阴差阳错、误打误撞建立起来的，比如马应龙药业、乐蜂网等。以乐蜂网为例，创始人李静本身是知名电视人，认识很多时尚界达人，包括林青霞的御用造型师梅琳、大小 S 的御用造型师小 P 等。大家私下遇见的时候，李静总是习惯性地与他们谈论美容之道。后来，李静从玛莎做餐饮到写畅销书到做电视节目的事业路线中感悟到，做主持人的自己可以借助内容平台的影响力去建立新的产品品牌，甚至进军零售业。

后来，红杉资本中国创始和执行合伙人沈南鹏找到李静，表示愿意投资她构建化妆品自有品牌。于是，李静以自己的节目内容为支撑，聚合与自己相熟的时尚界达人，以乐蜂网为平台开创了化妆品、护肤品自有品牌，进军电子商务领域。

关于那些反面的、未成交的故事，背景应当是销售人员对不理想客户的描述。比如说："曾经有一个客户，经济条件也不差，就是爱贪便宜，总认为我们销售人员会坑他的钱……"然后给出故事后续发展，一般是因为不成交或者成交少而产生了不好的结果，从而对客户起到警示效应。

3.2 阻力：什么在阻止客户购买

讲述客户在购买过程中遇到的阻力是讲故事的第二个环节。在购买过程中，客户可能遇到来自自身与外界的双重阻力。

销售人员试图引发客户采取购买行动，实际上失败率很高，主要原因就是没有彻底说服所有参与者，包括客户以及客户的家属、朋友等。采取购买行为之前，客户遇到的阻力包括五个层面，如图 3–1 所示。只有充分认识层层阻力，销售人员才能讲出一个有说服力的故事。以推销保险为例。

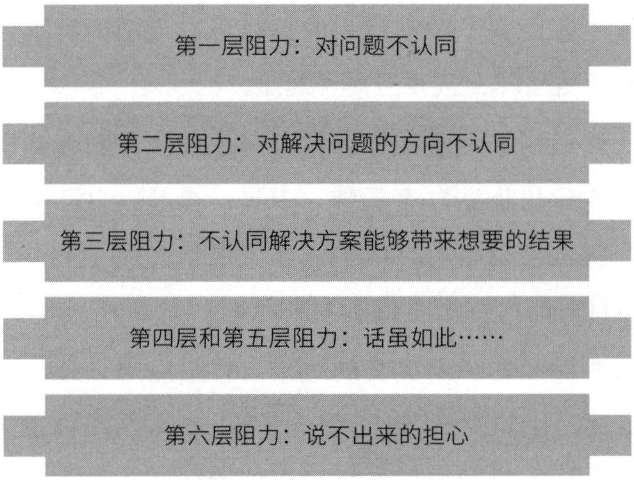

图 3-1　客户遇到的阻力

第一层阻力：对问题不认同

保险推销员想方设法让客户意识到生活中的未知因素太多，应当提前防范风险。而客户是一个乐观主义者，而且生活中从来没有发生过意外，所以认为不需要防范风险。这种客户与销售人员在问题上的不一致看法就属于第一层阻力。

第二层阻力：对解决问题的方向不认同

即便客户认同生活中有很多未知因素，应当提前防范风险的看法，也不一定会如销售人员所愿来购买保险。客户可能说，银行比保险公司更可靠，我宁愿把自己的钱存在银行，也不愿意把钱放在保险公司。客户认同销售人员提出的核心问题，但是不接受销售人员提供的解决方案，就是对解决问题的方向不认同的阻力。

第三层阻力：不认同解决方案能够带来想要的结果

销售人员提出的解决方案必须使用令人信服的逻辑，说明方案的每一个部分，能够如何克服在第一层面指出的问题：征兆及根本起因。然而，客户可能意识到了问题的严重性，但是不相信销售人员提出的解决方案可以很好地解决问题。例如，有些客户认同未来可能会发生重大变故，但并不认同保险可以解决根本问题，这就是销售人员需要面对的第三层阻力。

第四层和第五层阻力：话虽如此……

针对重大问题所采取的购买行为，客户会十分慎重，这是很正常的现象。通常，在这样的时间点，客户会给出两种类型的“话虽如此”的评论。

第四层阻力指出实施解决方案可能导致的负面后果。例如，对于购买保险，客户可能会说：“假如我愿意购买保险，在我发生任何意外之前，我的钱就已经不够花了。”

第五层阻力指出执行解决方案可能面临的障碍。例如：“话虽如此，购买保险是一个长期坚持的过程，我没有太多的耐心。”

第六层阻力：说不出来的担心

实际上，即便前面五层阻力基本上克服了，客户内心依然还是会有很多担心，所以不愿意采取购买行为。对于客户而言，购买行为存在着许多不确定因素，恐惧感来源于未知和不确定性，这种担心是很正常的。第六层阻力也是大多数客户最终拒绝购买的原因之一。

认清阻力的六个层面，销售人员在讲故事时就可以游刃有余。一般情况下，阻力越强，故事对客户的影响力就越大。

3.3 行动：主角是怎样行动的

给出主角的行动是讲故事的第三个环节。在销售人员为客户讲述的故事里，主角采取的行动一般分为两种：一种是购买，另一种是没有购买。

故事中主角采取的行动都是围绕这两种结果的。销售人员讲故事时一般会将行动具体化，包括如何克服阻力做出了购买行动或者拒绝购买后的后续行为。销售人员向客户讲故事时，应当将主角采取的行动描述得具体、简单。

例如，你不能仅仅说“×××最终参加了我的免费公开课”，而应该说“×××立即拨打电话给我，预订了周四晚上7—9点的公开课”。两者的效果是不同的，因为越具体的描述越具有可信度，越容易被模仿。

除了讲故事以外，任何时候你跟客户沟通，都应当给出一个具体的行动指示。比如，你给客户发邮件，然后告诉客户应该做什么。第一种说法是“您只需要立即点击此处”；第二种说法是“请登录我的网站获取更多信息”。“点击此处”是个具体的动作，但“请登录我的网站”就不是了。“请点击此处”是非常清楚的，更具体一些。如果你说“您只需要立即点击此处，就可以获取更多内部资料”，效果会更好一些。

综上所述，在描述行动的时候，销售人员需要具体化。如果你花费了很多时间去销售，但在行动这个环节没有处理好，那就会错过许多成交机会。

3.4 结果：与客户息息相关

描述结果是讲故事的第四个环节。总体来看，结果只有两种，一种是好的，一种是坏的。对于销售人员而言，结果即由于购买了产品而获得的好结果与没有购买产品而获得的坏结果。产品越靠近客户想要的结果，客户就越容易采取行动。因此，你不应当过分关注产品本身，而更应当关注其背后的效果。

在讲故事的时候，销售人员不需要刻意跟客户去背产品的“十大优势”，而是要关注客户的需求，突出主角在哪种行动下得到了哪种结果。例如，某位客户原本可以在 8 年前买下北五环的一套六居室，但由于各种原因推迟了 4 年，这时，原本的资金就只够他在北五环买一套两居室了。这种连续看房而不购买的行动最终导致了六居变两居的结果，对于同样犹豫的客户是很有说服力的。

给客户一个明确的好结果，客户就会反馈一个明确的有利于购买的行动。描述好结果的操作方法如图 3–2 所示。

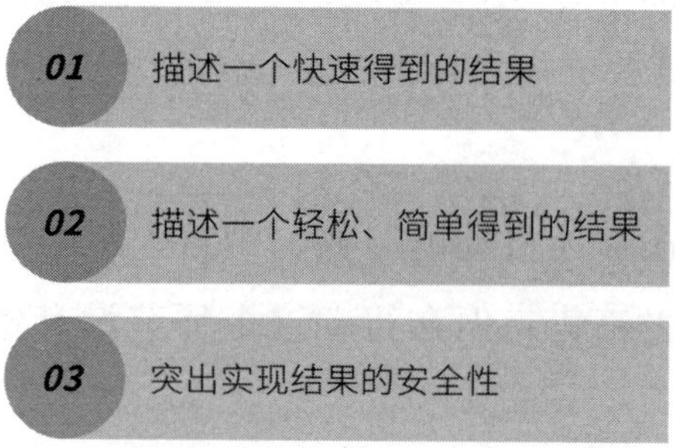

图 3-2　描述好结果的操作方法

第一，描述一个快速得到的结果。描述结果的时候，要突出实现结果的快速。比如，仅仅 21 天，××× 的身材就回到了原样，减去了 10 斤；一个月的时间，××× 就摆脱了近视等。

现代人要的是快速，每个人都希望能够快速成功。所以讲一个快速得到结果的故事是非常吸引人的。如果不是快速得到结果，客户就会失去兴趣，如果你说自己的减肥产品要连续用 10 年，那么对客户而言就没有价值了。

第二，描述一个轻松、简单得到的结果。销售每减少一个流程，成交率就能提高 10 个百分点。例如，某位七八十岁的老年人在商场买西装。西装在二楼，付款在一楼，改裤脚在三楼，他很可能会因为麻烦而拒绝购买。

因此，如果你可以描述一个轻松、简单得到的结果，那么客户购买的可能性就更大。例如："产品包装、设计、使用都非常简单，随时都可以用。××× 无论是上班、开会还是在路上、车上都随身携带，随时使用，一点都没有妨碍。"

第三，突出实现结果的安全性。比如，"仅仅 21 天，××× 的身材就回到了原样，减去了 10 斤，而且没有反弹的迹象，血压、血糖等比从前更加正常了。""坚持使用这款纯植物面膜一个月后，××× 的肤色亮白了一个度，而且非常有弹性。"

成交不是销售人员出售产品，而是客户购买结果。你出售的产品与客户无关，但是客户想要的结果与他有关。这也证明了一点，在讲故事的过程中，故事的结果对客户起着决定性的作用，要重视结果的讲述。

3.5 评价：使客户消除顾虑

评价是讲故事的第五个环节，也是最后一个环节。给客户讲故事的目的是让客户产生购买的欲望，因此，你所讲述的故事一定要具有启发性、鼓动性。到底要不要采取购买行动，在客户听了你的讲述之后，应当能够实实在在、清清楚楚地看到实际好处。

评价部分就是本着能够打消客户顾虑，为客户购买找到更多的理由，权衡各方利弊，促使客户做出正确决策的原则去说的。说到底，销售人员如果不讲故事，想要灌输给客户的观点就是评价，例如，“房价越来越高而且还将持续上涨，如果现在不买会追悔莫及”。

需要注意的是，故事的评价要与销售人员想要灌输给客户的观点相符，具有说服力，能够直接引起客户的购买欲望。

3.6 场景训练：当客户不能爽快下单时，故事可以这样讲

在销售过程中，单子越大，签单越难。能够爽快下单的客户其实并不多，在讲了大量道理还是无效的情况下，只能通过故事来解决。

一位二手房销售人员遇到了一对 30 岁左右的年轻夫妻，他们看中了位于北京市昌平区天通苑小区的一套两居室，觉得 4 万元左右一平方米的房价有些偏高，想再等等。他们的理由很有趣：“万一政策调控，房价降下来了呢？”

那这个故事，该怎么讲呢？

故事背景：

1. 房价 4 万元左右一平方米。

2.16 年前天通苑房价 2650 元 / 平方米。

3. 近 12 年平均增速约 22%。

4. 有一家想买房的李阿姨及其女儿李莉。

阻力：

1. 认为房子不值这个钱。

2. 并不是刚性需求。

3. 李莉的父亲反对购买房子。

行动：

不间断地看房。

房子年年看，年年涨。

就是不买。

结果：

1. 房价以 6 倍于银行存款利率的速度上涨。

2. 再也买不起了。

评价：

1. 经济走势就是这样，再不购买追悔莫及。

作为二手房销售人员，这个故事可以这样讲。

销售人员孙辉："周姐，你猜，16 年前这个小区的房价是多少？"

周姐："5000 元一平方米？"

销售人员孙辉："2650 元一平方米，这是刚开盘时的房价。现在接近 4 万元 / 平方米，我看了最近 12 年的房价走势，每年平均增长约为 22%。"

周姐："这么快呀！"

销售人员孙辉："9 年前，我带过一个客户，叫李莉，她的母亲也姓李。她们从 13 年前开始看房子，当时房价还不到 1 万元 / 平方米呢。"

周姐："那么便宜！"

销售人员孙辉："她们母女经常看房子，13 年前在北三环看，9 年前在北五环看。"

周姐："为啥呀？"

销售人员孙辉："北三环的房价涨得太快，买不起了，只能在北五环看房了。13 年前，李莉的父亲反对买房子，她们母女也不太坚持。9 年前我带她们看了 10 多套房子，但还是感觉价格有些高。后来李莉要结婚，不得已买了套 80 平方米的小两居。"

周姐："确实涨得有些快。"

销售人员孙辉："如果早下手的话，她们的钱在北三环能够买套大三居，在北五环能够买套六居，结果六居变两居，你看这落差多大。我看你们和她们比较像，所以说了那么多。"

周姐："哪里像？"

销售人员孙辉："都比较犹豫。"

最终这对夫妻咬牙签了合同，尽管月供压力很大，但是他们觉得自己的选择是对的，因为同户型的房子三个月后的成交价涨了接近 50 万元。

这个故事，在"行动""阻力"这两项用的是相反的行为。当然你也可以换成另一种正向的行为。修改如下。

阻力：

1. 自己连首付都不够，还要向亲戚、朋友借。

2. 买了后，月供压力比较大，占据了工资收入的 60%。

3. 李莉的父亲支持购买房子。

行动：

1. 连续、密集地看房。

2. 咬牙买了房子。

通过上面的例子以及修改后的例子，不难发现，阻力、行动都可以根据需要进行切换，组合成不同的结局。

3.7 场景训练：当客户拒绝预付定金时，故事可以这样讲

对于很多产品来说，开单的第一步就是让客户预付定金，尤其是定制产品。只有客户预付了定金，公司才能派设计师为客户设计定制方案，然后进入原材料采购、产品生产、运输、交付等环节。然而，很多客户听到“定金”两个字的第一反应就是拒绝，面对这种困境，销售人员应当怎么办呢？

故事背景：

1. 预付定金是整个定制行业的特点。预付定金相当于签订了购买合同，只有拿到定金公司才能生产。客户拒绝预交定金就相当于单子还存在不确定性，公司的设计师是不会上门提供定制服务的。

2. 本地客户订了18000元的光缆，说是财务出差了，定金晚一些再付，要求先生产。

阻力：

财务紧张、价格高、数量不对等。

行动：

毁约，不付定金，拒绝收货。

结果：

定制产品无法卖出去，损失 18000 元的订单。

评价：

如果不付定金就不应当安排生产，不管客户出于什么原因不支付定金，都应该等客户预付定金后才能安排生产，否则给公司带来的损失将非常惨重。

要求客户预付定金时，销售人员应当这样说："王哥，您知道为什么我们做电线电缆的要让客户预付定金吗？"

王经理："为什么呀？"

销售人员："是这样的，我们定制行业与标准化产品不同，由于定制产品针对客户量身定制，一旦下单生产了，万一客户对方案或者产品不满意，那么这套方案或者产品就只能作废。而标准化产品就不一样了，如果客户要求退单的话，只要产品没有任何破损，商家还可以进行二次销售，不会有太大的损失。所以，定制行业需要预付定金，一方面是表明了客户的购买诚意，另一方面也是对商家利益的一种基本保障。"

王经理："尽管如此，有人应当也是不愿意预付定金的，毕竟还没有看到产品。"

销售人员："您说得对，前一段时间，就有一个新客户订了 18000 元的光缆，因为是附近的，他还说财务出差了，晚一些时候再付定金，让我们先生产，我们就把光缆生产出来了，结果您猜怎么着？"

王经理："该不会是不要了吧！"

销售人员："就是呀，人家说是价格高了，而且领导说数量不是这样的了。我问他那你盖了合同章啊，他居然说那合同章是他用电脑做的，生生让我吃了一个大亏。18000元的单子丢了不说，还浪费了大量人力、物力。"

王经理："就当是吃一堑长一智吧，放心，咱们的合作不会有变，明天我就让财务把定金打过来。"

面对客户不愿意预交定金的情况，故事还可以这样讲：

故事背景：

1. 预付定金是整个定制行业的特点。预付定金相当于签订了购买合同，只有拿到定金公司才能生产。如果客户拒绝预交定金相当于单子还存在不确定性，公司的设计师是不会上门提供定制服务的。

2. 本地客户订了18000元的光缆。

阻力：

说是财务出差了，定金晚一些再付，要求先生产。

行动：

拒绝生产。

结果：避免了客户毁约导致的产品无法卖出去的风险。

评价：如果不付定金就不应当安排生产，不管客户出于什么原因不支付定金，都应该等客户预付定金后才能安排生产，只有这样才能保障公司的利益，避免损失。

第二种讲故事的方法表明了要求客户预付定金时的坚决态度，即不交定金就不生产，对于说服客户预付定金也是非常有效的。

练习题

1. 你还记得上一次推销失败的场景吗？尝试分析阻止客户购买的阻力是什么，有针对性地为客户讲一个故事吧。

____

____

____

2. 当客户想要拖延支付尾款的时间时，你会为他讲述一个怎样的故事？

____

____

____

3. 当客户对产品的质量不满意，又不想加钱购买质量更好的产品时，你会为他讲述一个怎样的故事？

____

____

____

4. 当客户不相信产品能达到宣传的效果时，你会为他讲述一个怎样的故事？

____

____

____

5. 故事中的主人公在遇到阻力时都采取了怎样的行动？尝试让这些行动更简单、更具体吧。

____

____

____

第 4 章
主题故事，将故事作为温度和情怀的载体

主题故事不一定是惊天动地的大故事，有可能只是在平凡的工作和生活中发现、传递人间真善美的小故事，也能凝聚成一股积极向上的正能量，引起大家的共鸣。主题故事有很多种，主要包括以爱情为主题的故事、以理想为主题的故事、以事业为主题的故事、以品质为主题的故事、以创业为主题的故事、以生命为主题的故事等。

4.1 爱情：或美好，或破碎的爱情故事

爱情是一个永恒的话题，对大家有天生的吸引力。无论是企业营销还是产品销售，通过爱情故事打动客户往往都可以取得非常好的效果。下面一起看丝巾销售人员徐晨如何通过讲述爱情故事卖出最贵的玫瑰丝巾。

白一涵去一家商场打算为女友买一条丝巾作为生日礼物，但是

他从来没买过丝巾。白一涵怀着新奇的心情来到了丝巾店。

白一涵："我想挑选一条丝巾送给女朋友，但是又不太懂，听说买丝巾有很多讲究的，您可以给我一些意见吗？"

销售人员徐晨："很高兴为您服务！请问，您女朋友平时喜欢穿什么风格的衣服？还有，她是什么肤色？"

白一涵："她是一个优雅、干练的女孩子，穿衣打扮比较成熟，她是肤色偏白的那种。"

销售人员徐晨："那您看看这款玫瑰丝巾怎么样？这可是我们店的招牌产品，散发着淡淡的丝光效果，轻盈又漂亮，但又不像真丝缎那样太过于华贵，非常适合您的女朋友佩戴，也符合她的整体风格。"

"是挺好看的。"白一涵拿起丝巾仔细瞧着。

销售人员徐晨："这款丝巾的背后还有一段不为人知的故事呢！"

白一涵："哦？说来听听？"

销售人员徐晨："男孩儿是在朋友的生日宴会上遇到她的，一个 20 多岁的成熟女子，优雅、干练，颈间系着一条飘逸的玫瑰丝巾。女孩儿的仪态万千、风情无限顿时就吸引了男孩儿的目光。从此，男孩儿开始找各种理由接近女孩儿，去女孩儿常去的咖啡店，与女孩儿看同一场电影。女孩儿丢的钥匙总能让男孩儿捡到，女孩儿看电影抹眼泪时，也是男孩儿递上一方洁白的手帕纸……两个人便这样慢慢熟悉起来，逐渐发展成情侣。很奇怪，女孩儿从来不戴耳环、手镯之类的饰品，只有玫瑰丝巾，却是无论春夏秋冬，从不离身。"

白一涵："怎么会有这么奇怪的癖好？"

销售人员徐晨："是呀，很快就有答案了。那天，男孩儿约女孩儿一起去郊游，路上，突然刮起的一阵风毫不留情地揭去女孩儿颈间的玫瑰丝巾。女孩儿慌忙去追，却依然没有抓住。男孩儿惊异地发现：女孩儿的脖颈上，竟布满了疤痕，看上去很可怕。女孩儿非常尴尬，然后说，小时候冬天烤火的时候，不小心碰翻了火炉……男孩儿只是一怔，很快便坦然地说，瑕不掩瑜，以后不要再系丝巾了，我更喜欢真实的你。”

白一涵：“这样挺好的呀，是不是后来两人结婚了？”

销售人员徐晨：“且听我说。男孩儿果然再不准女孩儿系丝巾，坦然牵她的手出入各种场合。男孩儿总是对女孩儿说，爱一个人就是坦然接受她的一切，包括缺点和瑕疵。女孩儿从此便将那些千娇百媚的玫瑰丝巾收起来，裸露着颈上的疤痕。那些疤痕总是能够引来异样的目光，很多人都会问她的脖子是怎么回事。每次问，女孩儿都要重复一遍原因，女孩儿的骄傲和自尊终于被一点点蚕食了。当爱恋的美好被一次次尴尬淹没时，女孩儿提出了分手。”

白一涵：“后来女孩儿怎么样了呢？”

销售人员徐晨：“女孩儿重新系上了玫瑰丝巾，依然是笑眸流转，心却愈加成熟淡定。半年后，她有了新的男朋友，是个干净儒雅的男人。男人也有疑问，她为什么老是系着丝巾。女孩儿便大方地解了丝巾给他看。面对着那些丑陋的疤痕，男人满是疼惜和怜爱。然后，男人重新帮女孩儿系上玫瑰丝巾，打了一个优雅的结。从那以后，男人给女孩儿买了各式各样的丝巾。男人说，最美的花总是开在伤口上的。女孩儿的心就这样完全被男人占据了。”

白一涵：“是呀，爱和尊重远远比坦然接受更深情。”

销售人员徐晨：“是呢！就是因为这样，每当我卖出一条玫瑰丝巾的时候，我都认为是传递了一份爱与尊重。”

白一涵：“那这条玫瑰丝巾怎么卖？”

销售人员徐晨：“既然您是送给女朋友的，就给您走一个会员价好了，只要520元。如果您女朋友喜欢，您再来我们这里就好了。”

白一涵：“那就给我包起来吧！”

销售人员徐晨：“好的。相信您女朋友在生日那天看到这条玫瑰丝巾肯定会非常高兴的，希望您的爱情永远甜蜜。”

有导演曾经说过：“最不可能在一起的爱情最能打动人心。”残忍的编剧总是把最甜美的爱情和最痛苦的结局糅合在一起来打动观众。销售人员讲爱情故事也有两个角度，一种是把爱情和美好结局联系在一起，另外一种是破碎爱情之美的悲剧。

4.2 理想：为了理想，在大城市打拼的故事

对销售人员来说，如果客户是北、上、广一族，那么向其讲述“为了理想，在北、上、广打拼的日子”这样的故事无疑可以引起客户共鸣。

有很多人都有这样的疑问，为什么年轻人大都愿意远离家乡，远离亲人，放弃踏实的生活来到北、上、广打拼，仍然义无反顾。一位叫“王远成”的知乎网友对这一问题的回答获得了众多网友的赞同。下面一起看看，王远成的故事是如何讲的。

王远成毕业于西安一所民办大专学校，因为翘课被学校暂扣了毕业证。怀揣着 2000 块钱，王远成买了一张火车票，来到上海。在这里，王远成没有亲戚和朋友，只是因为热爱互联网所以才来上海。初来乍到，王远成住在 9 个人合租的一套房子里，小单间每月租金 650 元，房间里只放得下一张床和一个笔记本电脑。

上海的夏天非常热，但是王远成坚持每周末去上海体育馆的招聘会。一个月后，王远成终于找到了第一份工作。当时，王远成求职迷了路，步行走了一公里，找到面试公司的时候汗如雨下，整个衣服都是湿透的，就像刚洗过澡一样。面试主管给王远成递了一杯水，然后让他谈谈对 SNS（社交网络服务）的看法。幸运的是，主管说可以暂时不要他的毕业证，先看看他的工作表现。

然后，王远成就到这家非常优秀的互联网公司就职，尽管工资只有 1800 元，但是他并不介意。第一次参加例会也是王远成第一次见识到什么是正规军。身边的同事来自迅雷、阿里巴巴、腾讯、百度的不胜枚举。产品经理比王远成小两岁，是公司从盛大挖来的，会用 Axure（交互原型设计工具），会用思维脑图，开会时具备快速提炼精髓的能力以及清晰的产品分析能力。王远成开始意识到，天外有天，自己的知识连入门级都算不上。

王远成每天到家还要熬夜加班写分析报告，凌晨 2 点到早上 6 点，王远成只休息 4 小时。当当网有满减促销活动的时候，他会买一大堆互联网相关书籍充实自我。周末的时候，他会参加各种产品经理聚会，然后坐在最后排安静地听别人发言，学习别人的经验。当他听到一些不理解的词语时，总是会记在本子上，回家用百度搜索是什么意思。

国庆长假的时候，大多数同事都选择了回家，而王远成则是选择加班，三倍的工资待遇让他用一个星期的时间买了第一部智能手机。幸运的是，王远成在公司里结交了两个好兄弟，一个是PHP程序员，另一个是广告销售人员，三个人几乎形影不离。程序员是一个有点内向的男孩，执行力特别强，销售人员家庭条件很好，各方面想法很真实。两个人曾经帮助王远成渡过各种难关。

销售人员去北京出差的时候，王远成跟他打长途电话聊产品，从晚上8点到12点，一共4小时。销售人员会将访问客户的第一手资料给王远成，然后由王远成做产品要求，再提交给程序员，程序员当晚就加班做产品迭代。

有时候，一个人半夜两点突发灵感，会跟另外两个人打电话讨论，三个人一起加班到凌晨3点是经常的事情。三个人的拼命工作很快有了回报，王远成成了项目经理，带领着十多个人的小团队，而另外两个人也都是各自团队的业务骨干。

包括上海在内的一线城市最大的特点就是生活节奏很快，只要一天不努力就有可能落后于他人，这让在那里工作的人有动力拼命学习。当王远成的职位和收入有了提高之后，生活状态也发生了变化。周末的时候，王远成会带女朋友去田子坊逛逛街，去崇明岛抓小螃蟹，去阳澄湖吃大闸蟹，去松江大学城喝咖啡，坐在小店里看日落，做自己喜欢的事情，去想去的地方。

在上海，王远成认识了各个领域的专家，他们学识渊博，充满智慧，说话恰到好处，做事井井有条。王远成暗暗发誓，自己也要成为那样的人。再后来，搞销售的兄弟开始带着王远成见客户，吃饭聊天，帮助他克服自己不擅长与人交流的弱点。有了他的帮助，王远成开始敢在公司战略会议上发言，为团队争取资源和利益。

王远成带领的团队里有一个复旦大学的中文系硕士和上海师范大学的新闻系硕士。而作为他们的经理，王远成仅仅是西安一所民办大学差点拿不到毕业证的大专生。正如王远成所说的："上海是个神奇的城市，它不问你的出身、学历，不会鄙视你的家庭条件，它只看你是否努力，真的。"

北、上、广是一个汇聚了众多人理想的地方，在这里，谈理想永远不会被人嘲笑。如果你跟你的客户一样都在这里打拼，那就给你的客户讲一个为了理想在北、上、广打拼的故事吧，一定可以引起客户的共鸣，获得客户的好感。

4.3 事业：为了事业，不服输不低头的故事

赵航是温州一家鞋厂的推销员，在推销过程中，他常常跟客户讲述自己的老板孙志强打拼事业不服输、不低头的故事。

据赵航说，孙志强开办鞋厂有二十多年了。二十多年前，孙志强一个人闯荡杭州和苏州，做成了第一笔 300 双鞋的订单。也正是有了那次磨炼的经历和人生的"第一桶金"，孙志强才能够坚持下来，将鞋厂越开越大。

孙志强 19 岁时，已经在一家鞋厂工作了三年，有一股初生牛犊不怕虎的干劲，准备回家创业办厂。当年，孙志强有朋友在杭州发展，他决定去有市场前景的杭州试试看，于是亲手设计、制作了

十几款女士时装鞋，然后提着这些样品，带着几百元钱，一个人坐着客车从温州南站前往杭州。但他在杭州并没有接到任何一笔订单，于是又坐车前往苏州，依然没有人买他的鞋。

孙志强没有放弃，依然一家一家地拜访服装鞋帽公司。这天，他风尘仆仆地赶赴江苏省进出口服装鞋帽公司，一进门见到经理，迅速地将样鞋整整齐齐摆放在那位经理面前，观察着面前这位经理的脸色。功夫不负有心人，孙志强终于得到了对方肯定的回复。那位经理爽快地签了 300 双的订单。签单的瞬间，孙志强甚至激动得说不出话来。孙志强向客户郑重承诺：自己一定准时上门交货！

孙志强后来的从业生涯，就是从这一个订单开始的。这件事让孙志强更加坚定了做人做事要坚持和专一，永远不服输，不低头。孙志强的故事给企业起到了带动作用，当客户面临选择时，往往愿意选择一个给人以积极向上感觉的企业。另外，销售人员用行动向客户讲不服输、不低头的故事也是一种说服客户的有效方法。

郑旭是南京某报社的职员。他刚进报社时向经理提出可以不要薪水，只要广告费的佣金，经理同意了他的要求。于是，郑旭列出一份客户名单，名单中都是一些很难搞定的客户，同事都认为那些客户是不可能被郑旭说服的。

在拜访客户之前，郑旭把名单上客户的名字念了 100 遍，然后怀着充足的信心去拜访客户。在一个月的时间里，名单上的客户大部分都被郑旭说服了，只有一个始终拒绝。

第二个月的时候，郑旭每天早晨都坚持去拜访那位客户。每当客户的家门一开，他就进去请客户买他的广告，而每一次客户都回答说："不！"面对客户的拒绝，郑旭就当没听到，一直坚持到月末的最后一天。

这天，拒绝了郑旭 30 次的客户说："你已经用了一个月的时间来说服我买你的广告，你为什么可以坚持到这种地步呢？"郑旭说："我一直在学习遇到困难不服输、不低头的精神，而您就是我的老师，您教会了我在逆境中如何坚持下来。"那位客户听完点了点头，向郑旭说："其实我也在向你学习，你已经教会了我坚持到底这一课，这比金钱更重要。为了表达我的谢意，我要买你的广告，就当作学费吧。"

郑旭用行动向客户讲述了一个不服输、不低头的故事，并且最后打动了客户，成功拿到了客户的订单。面对挫折只有有坚持不懈、不屈不挠的精神，才有可能取得最后的成功。每个人都需要有面对困难不服输、不低头的精神，很可能再坚持一下就成功了。

4.4 品质：用制造飞机的品质制造汽车

谈爱情、谈理想、谈事业都是从感性上打动客户，而谈品质则是从理性上说服客户，让客户找不到拒绝的理由。以汽车销售为例，销售人员给客户讲述了一个"用制造飞机的品质制造汽车"的品质故事。品质能够与飞机相媲美的产品，很难受到客户的拒绝，如图 4-1 所示。

麦当劳是全球最有价值的连锁餐饮品牌之一，以超高的品质和服务闻名世界。截至 2021 年，麦当劳遍布全球六大洲 120 多个国家，

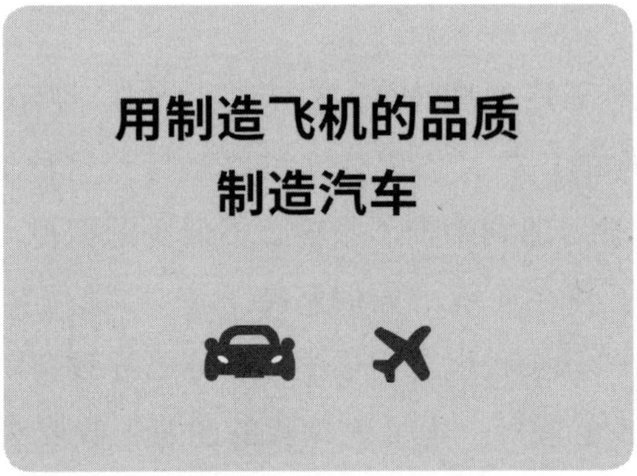

图 4-1　汽车销售讲的关于“品质”的故事

拥有约 3 万间分店，是一种生活方式的代表。那么，麦当劳是如何从美国的一个小镇迅速席卷全球任何一个角落，成就麦当劳帝国的呢?

麦当劳重视产品品质和用户服务体验的故事使其迅速地复制扩张。细心的人会发现，无论你走进哪一家麦当劳门店，享受的体验都惊人地一致。因为全世界麦当劳的餐厅装修、灯光都是一样的，就连冲水马桶都是同一个品牌。

在保证高标准高质量的同时，麦当劳还对服务的效率提出标准要求。虽然各家分店所处的位置地域不同，但产品质量指标是固定的。在食物制作期间，麦当劳的标准是“少量多次”。每一家麦当劳分店都有一套标准的“产品质量指南”，规定了每种食品制作的时限和间隔，张贴在成品的中央输送槽之上。

制作完成之后的食品都放在中央运输槽内保存，同时按照包装时间的先后顺序排列，并标有顺序号，确保每一种食品不做过多停留。而且，麦当劳还设有专门负责食品管理的工作员，他们一边查看食品制作的规格与品质，一边盯着计时器，只要保存时间一过就会提醒经理将过期的食品丢弃。

所有过期未出售的食品都会被经理丢在废品箱，同时经理需要在废品报告上记下每一天的作废产品数量，确定精确的生产数量。一直以来，麦当劳都坚持不卖味道差的食品，同时为了适应全球不同地域、不同层次消费者的不同口味，麦当劳也在不断改进自己的菜谱、作料。

麦当劳宣称："我们卖的不是汉堡包，而是服务。"作为世界最大的连锁快餐店，麦当劳深知吸引消费者用餐的除了高品质的食物之外，还有店面整体的氛围、环境、工作人员的服务态度等软性指标。

"快速、精确、友好"是麦当劳服务的三大要求，整体的就餐环境也被纳入了严密管制范围。从直接面向客户的柜台服务、用餐完毕的桌面清理到餐厅周围和附属设施的卫生整洁，从后台的食物制作间到洗手间，所有服务区域都有着严格的卫生标准。其中包括，桌椅、橱窗和设备保持一尘不染，全部采用不锈钢材料；餐具、机器每日必须彻底拆开清洗、消毒；不出售香烟和报纸；玻璃、停车场、垃圾桶、天花板等必须定期彻底清洗。

在麦当劳餐厅，很少看到桌椅整齐划一地保持一字排列。麦当劳充分考虑客户的用餐心理，既注重个体的独立性，又注重餐厅的活跃气氛，因此，每一副桌椅都巧妙地设置在特定位置。倚窗使得用餐者能够将美丽的街景一览无余；绕墙使得用餐者体会多一重乐趣；围成一圈满足了喜爱欢乐气氛的客户。

麦当劳的乳类制品都是以百分百纯鲜牛奶为原料，供应的咖啡也是用咖啡豆现磨出来的，甜筒必须是实心的。所有食物的营养成分如脂肪含量、蛋白质含量和非脂乳固体含量等都必须在包装上注明，各类食物的热量也有严格的要求，营养成分是按照科学的比例配制。同时，麦当劳深知客户越来越关注体重与健康，为每一种食物标明了所含碳水化合物、脂肪量等数量，鼓励客户根据自身情况挑选合适的套餐。

麦当劳重视产品品质与服务体验的故事告诉我们，麦当劳提供的食物或许不是全世界最好的，但麦当劳快餐店一定是全世界最好的。如今的麦当劳已经是一个全球餐饮品牌，凭借着高品质在全球建立起巨大形象价值认同。

如果你的产品品质在行业里名列前茅，经得起检验，不妨向客户讲一个“我们的产品经过 N 种检验的故事”，让客户信服。

4.5 创业：创业者的成长血泪史

对一个品牌来说，创始人是非常宝贵的素材，通过讲述创始人的创业历程，突出表现其在面对困难时不退缩和敢于打破常规的创新精神，就能体现一个品牌的文化气质，有利于品牌强化，进而吸引客户。

美团就是一个讲创始人创业故事的案例。美团创始人王兴放弃了美国特拉华大学的学业回国相继创立校内网、饭否网、美团网等。就像美团引领了团购风潮一般，校内网与饭否网也分别引领了校园 SNS、微博的风潮，如图 4–2 所示。

18 年前的一个冬天，王兴回国创业，与自己的伙伴王慧文、赖

图 4-2　校内网、饭否网、美团网的地位

斌强等人在清华附近的海丰园租了一套 138 平方米、三室一厅的房子，开始了创业历程。他们前后尝试了十几个项目，包括 SNS 网站“多多友”。多多友用户增长数字不理想，他们意识到多多友的目标用户不清晰，转而讨论校园 SNS，而且想法逐渐清晰起来。

两年后，王兴决定模仿大热的 Facebook 做一个校内 SNS。随后，许多创业者跟风而动，各种各样的校园 SNS 如雨后春笋般冒出。竞争加剧使得校内网不得不寻找融资。当时，王兴的团队还是太稚嫩了，当投资者问他们商业模式、竞争形势的时候，他们的回答根本不能让投资者满意。

与此同时，千橡互动集团董事长陈一舟希望王兴将校内网卖给他。在校内网陷入财务危机的时候，三位创始人出现了意见分歧。最终，校内网卖给了陈一舟。王兴在千橡度过锁定期之后，开始着手创立饭否网。两年后，饭否网因为敏感问题被关闭。但整个团队并没有散，饭否网关闭后只有两个员工离职，在 505 天后，饭否网终于解除封禁，重新开放。

饭否网被关闭期间，王兴抱着试试看的态度创立了美团。与前两次创业一样，数千家跟随者蜂拥而至。美团在市场推广和地面扩张方面落后于竞争对手。其实王兴本可以采取代理商模式换取发展速度，用市场份额换取风险投资，但是王兴坚定只做可以控制团购品质的直营模式，在现金与产品品质之间选择了后者。

在竞争对手一天上很多单的情况下，美团始终坚持每天只上一单，将全部流量都导入一个商家。当商家发现在美团的流量和业务数远远高于其他团购网站时，合作意愿更加强烈。这笔投资也帮助美团成功渡过了创立以来的第一个难关。

当时，各大团购网站在融资后疯狂扩张，城市公交、地铁、电梯间贴满了团购广告。顶着销售大量被抢单的压力，王兴做出不砸广告的决策。王兴表示，美团的每一分钱都要花在刀刃上，必须在离消费者最近的这步直接转换成购买力。

因此，当竞争对手花 100 元获取一个用户的时候，美团选择 10 元获得一个用户的线上广告方式。当时，美团购买了诸如“团购”“拉手”“窝窝团”等关键词，并与 hao123 导航页、团购导航网站团 800 合作，再借同行的广告战坐收渔利。

美团与大众点评正式合并后，新公司的估值达到 150 亿美元，成为中国最大的 O2O 企业。王兴这样总结他正在做的事：“互联网正在改变金融和教育行业，优酷想用互联网改变电视，天猫、淘宝、京东在改变超市和百货商场。美团要做的是通过互联网去改变本地吃、喝、玩、乐产业。从校内到饭否到美团表面上看做的事情不一样，本质还是相信互联网根本性的变革力量。”

如果只是提起美团，很多人感受到的是王兴造就成功的路径选择，而往往忽视了他在获得成功之前所有失败的经历。

创业失败会造就三种人：第一种，被失败击垮，从此成为一蹶不振的懦夫，此为无勇无智者。第二种，空怀一腔热血，面对失败不知反省，不总结失败经验，依旧勇往直前。这些人做事事倍功半，常常获得“昙花一现”的成功。此为有勇而无智者。第三种，失败后能够审时度势，调整自我。在时机与实力都具备的情况下，他们往往能够再度出击，卷土重来。这种人智勇双全，与成功的距离最近。

连续创业者的血泪成长史之所以打动人心，就是因为创业者经历了无数次失败，最终成了第三种人。

4.6 生命：客户买的不只是产品，更是健康

在大公司工作过的人大多有这样的感受：产品就是产品，市场就是市场。产品是在工业化的流水线上生产出来的，只能谈论功能、性价比。然后，等到产品进入市场，营销人员会为产品进行公众形象包装，为产品进行市场推广。然而，很多产品在诞生之初就是有温度和情怀的，而故事就是温度和情怀的天然载体。

刘志汉是新疆乌恰县黑孜苇乡的一名农民，他知道依靠几亩薄田根本无法发家致富，而且自身有一颗拼搏的心，于是他决定自己创业。在没有资金和人脉的情况下，“靠山吃山，靠水吃水”的古话启发了他。在克州（克孜勒苏柯尔克孜自治州）的山里、草原上到

处都是野生农产品，刘志汉家里也时不时去弄些野蘑菇、野椒蒿之类的东西下锅，味道非常鲜美。现在城里的人都希望吃上绿色、环保、无工业污染的农产品，于是刘志汉决定在这上面想办法赚钱。

乌恰县虽然偏僻，但是三面高山环绕，自然资源异常丰富。位于乌恰县西北角的玉其塔什草原，土壤肥沃，植被丰富，生活在这里的柯尔克孜族人主要以游牧生活为主。有一次，刘志汉拉上几个柯尔克孜族朋友，带上方块糖、茶叶等礼物，辗转到山里的牧民家收购野蘑菇等野生农产品。牧民们都非常吃惊，不相信雨后满地的野蘑菇可以换钱。

第一年，刘志汉收到的野蘑菇数量较少，因为当地的牧民大多没有商业意识，不相信草原上生长的那些野生农产品能换钱。在这种情况下，牧民都是口头上答应采摘收集，但实际上并没有采取多少行动。刘志汉并没有灰心，而是对交来野生农产品的牧民付上高价。其他牧民看到刘志汉真的愿意给钱，大家纷纷表示要多走动，想办法收集更多的野生农产品。

局面打开后，刘志汉的生意越做越大。乌恰县地域的宝贝非常多，在遵守国家相关法律、不破坏草场的前提下，刘志汉不仅收到了大量的野蘑菇，还收到了沙棘等各种各样的野生土特产。刘志汉将这些土特产运送到乌鲁木齐销售，很快被抢购一空。

刘志汉有一句口头禅："我卖的不是产品，是健康。"当大家问他是什么意思的时候，他回答说："我那些山货货真价实，绝无工业污染，所以我卖的不是产品，而是健康。"

随着生意规模逐渐扩大，刘志汉成立了乌恰县斯姆哈纳志成农产品农民专业合作社。在这个合作社里，只有包括刘志汉在内的三名汉族人，其余全是柯尔克孜族牧民。刘志汉认为，自己之所以能有这个事业，全依赖这些柯尔克孜族牧民。因此，在自己致富的同时一定会带上大家，让大家和自己有福同享。

如今，刘志汉已经是当地最有名的土特产品提供商之一。但刘志汉的野心不止于此，他说："我的目标是将我的土特产销售到国外。"

打健康牌吸引客户是一个百试不爽的手段。人最宝贵的是生命，生命最宝贵的是健康。如果你能够以健康为主题讲一个故事，往往可以获得客户认同，从而转化为购买力。

4.7 场景训练：以爱情为主题，为客户推荐化妆品

28 岁的夏雪从来没有化过妆，因为她老公说，素颜的她本来就很漂亮，不需要化妆。随着年龄的增长，夏雪发现自己的脸上开始出现小细纹，变得越来越不自信，于是想要使用化妆品把自己打扮得更漂亮一些。

在一家化妆品店里，夏雪走来走去，不知道自己是否应当购买一套化妆品。这时，销售人员陈丽丽走过来，问清楚夏雪的顾虑后，向夏雪讲了一个故事。

雯雯天生就很美丽，即便不施粉黛也散发着清丽脱俗的美。雯雯嫁给了一个非常爱她的男人，两个人成为夫妻。丈夫不喜欢雯雯化妆，他说女人化妆是为了掩饰脸上的不足，而他的妻子是不需要化妆品的。

十年后的一天，在外地出差的丈夫给雯雯打来电话，说自己马上就到家了。雯雯非常高兴，哼着歌儿到衣柜里挑选衣服，满脸洋溢着幸福的笑容。十分钟过去了，雯雯依然没有挑到自己满意的衣服，最后，雯雯选中了丈夫以前买的那条白色连衣裙。换好衣服后，雯雯坐在梳妆台前，望着镜中已经不再年轻的自己，突然有些不自信。她打开抽屉，拿出那套生日时朋友送的化妆品，这是一盒包装很美的化妆品。

雯雯开始慢慢地擦粉化妆，描眼影，抹口红……做完这一切，她满意地望着镜中的自己微笑了一下。这时，她听到有钥匙开门的声音，她知道是丈夫回来了。望着那盒拆开过的化妆品，雯雯一时有些紧张，情急之下，把那盒化妆品藏在了梳妆台靠墙的缝隙里边。雯雯刚站起来，丈夫就开门进来了，像以往一样，丈夫拥着雯雯转到了化妆台前，雯雯从镜子里看到丈夫悄悄地用手把那盒没有藏好的化妆品给推进去了。两滴晶莹的泪珠轻轻地滑过雯雯的眼角。

听完这个故事，夏雪的眼中也噙满了泪花。因为自己跟雯雯的情况非常相似，自己已经过了不施粉黛就能吸引丈夫目光的年纪，所以，夏雪最终决定买一套化妆品。

大多数上了年纪的老太太都认为自己不需要化妆，反正已经很老了，而化妆品销售人员往往也不会将老太太当作自己的目标客户。事实上，老太太也有变漂亮的需求，只是需要被激发而已。对于老太太，销售人员可以这样讲故事。

有一张一对老夫妻在便利店挑选化妆品的照片在社交网站 Facebook 上爆红，感动了无数人的心。短短时间，这张照片获得了 130 多万个点赞，有近 10 万网友留言。

照片上的这对老夫妻在化妆品货架前弯腰挑选粉底。上传照片的人说，这位老爷爷正在帮他老伴儿挑选一款适合的化妆品。起初，老奶奶表现得像个初买化妆品的少女一样，不知道哪一款化妆品适合自己的肤色，于是很纠结。而这位老爷爷则是安慰她，让她冷静下来，然后帮着老奶奶一起挑选合适的颜色。过了几分钟，两人终于挑到了满意的化妆品，老爷爷还在老奶奶的额头亲了一下。

讲完这个故事，再向老太太介绍适合她们的化妆品，让她们免费试用，往往可以激发老太太变年轻、变漂亮的心，有效促进购买。

4.8 场景训练：以品质为主题，讲述产品的生产工艺

劳斯莱斯不像其他汽车品牌一样有铺天盖地的广告，也很少和厂商进行商业合作，尽管价格昂贵却依然供不应求。劳斯莱斯的销售人员是如何做到的呢？一方面，劳斯莱斯汽车公司每年只生产几千辆汽车，比世界其他汽车公司产量的零头还要少，因此造成物以稀为贵的结果。另一方面，劳斯莱斯汽车公司的汽车都是手工生产的，对生产工艺非常讲究，这一点吸引了无数客户。

面对客户，劳斯莱斯的销售人员总是会讲述一个重视工艺，追求高品质的故事：一个工人花费一整天的时间才能制造出一台散热机的原型，然后花费5小时对它进行手工打磨才完成了一台散热机的制造。据统计，制作一个方向盘的时间是15小时，装配一辆车身的时间是31小时，安装一台发动机的时间是6天。

由于制作时间长，装配线上的零件最快每分钟才能移动 6 英寸。一辆完整的汽车被制作出来需要两个半月，还必须经过 5000 英里的测试。这一切都向消费者证明，劳斯莱斯汽车用最好的材料，花费比其他汽车多十倍的时间精心打造，是非常有价值的。

拿一辆劳斯莱斯幻影汽车来说，一部车需要 42 个木质部件，全都是由古德伍德工匠们使用最新的木工技术和传统手工技艺经过 30 天的悉心雕琢而制作出来的。每一个木饰都经过严格的挑选、镶饰匹配，表达了技师针对每辆汽车的独到诠释，确保了木饰的精致完美。

在古德伍德工厂里，可以选择的常规木材一共有 17 种，包括来自世界各地的桃花心木、橡木、榆木、雀眼枫木、胡桃木和黑钢琴木等。各种木材的色泽和纹路各有不同，但是做工质量都是一流的。为了保证木质纹理并使表面完美无瑕，每个部件都被涂上了六层天然油漆。在送到装配线之前，所有的油漆部件还要经过单独检查并配上相关配件。

劳斯莱斯汽车的制造过程还有一个很少人知道的特殊工序，即记录下每辆汽车的全部生产细节，然后生成一个产品的唯一镜像，甚至连用于制作汽车木饰的每根原木的档案都保留下来。这意味着，如果哪一辆车今后需要维护，可以根据档案找到完全匹配的木饰。

劳斯莱斯还为客户提供了定制服务，客户可以定制自己喜欢的其他种类的装饰木材。无论客户选择哪一种，工艺师都会把木材抛光得极为完美。劳斯莱斯的工艺师们都有着丰富的传统手工行业从业经验，他们对劳斯莱斯幻影内部所用的每一块装饰木材都按照规定精挑细选，仔细加工。高超的技术不仅能够让每块面板左、右两侧的纹理镜面对称，还能让整个车内都是对称的，这些都构成了劳斯莱斯幻影车内精致而独特的内部环境。

劳斯莱斯这种精细的工艺，打动了无数客户的心。

练习题

1. 当一对小夫妻看上一对价格昂贵的情侣项链时，你会向他们讲述一个怎样的故事将这对项链销售出去？

2. 如果你负责的客户已经在这座城市打拼了 17 年，你会向他讲述一个怎样的故事拉近你们之间的距离？

3. 当客户对产品品质质疑时，你会向他讲述一个怎样的故事证明产品的品质？

4. 当遇到很难搞定的客户时，如果你想用老板的创业故事向他展示公司的实力，这个故事该如何讲呢？

____

____

____

5. 假如你是一名农产品销售人员，你将如何为客户讲述一个以健康为主题的故事？假如你是一名粉底液销售人员或者加湿器销售人员呢？

____

____

____

第5章
产品故事的八大经典类型

怎样讲产品故事？在研究了上千个产品故事后，我们总结出产品故事的八大类型，包括理想故事型、爱心传播型、爱情故事型、应运而生型、名字来历型、诠释卖点型、发展历程型与权威试用型，与大家一起交流分享。

5.1 理想故事型：罗永浩为梦想而拼搏

在讲述产品故事时，从创始人的理想切入产品是一种不错的讲述方法，能够让人们了解创始人对于产品的情感，对品牌的坚持，从而加深对产品和品牌的印象，甚至与创始人产生共情，更好地理解产品和品牌的理念。

罗永浩曾开展过一次推广锤子手机的演讲，演讲的题目是《一个理想主义者的创业故事》。在这次演讲中，罗永浩没有花费大量的时间介绍锤子手机的外观、性能方面，除了寥寥数语介绍一些具体的销售数据之外，主要重心放在了有关他不断拼搏的创业经历上。

演讲中罗永浩提及了他在手机行业创业中遇到的种种困难，以及他解决掉这些麻烦的方式、获得的收获及事后感想。这次演讲无疑是成功的，罗永浩的故事让许多听众与观众产生了共鸣，加深了其对锤子手机的印象。

在演讲中，罗永浩提到了四个主题，分别是锤子科技遇到的困难、锤子 T1 的数据及理念、“天生骄傲”的品牌价值观、告别“理想主义创业者”的身份。

罗永浩通过这四个主题，向消费者以及其他故事受众，甚至是竞争者传递了一个品牌故事。故事受众们从中可以看到罗永浩面对竞争者的商业挤压和舆论抹黑时展现出来的坚持品质、研发手机 T1 时做出的众多努力、锤子科技坚守“天生骄傲”的品牌理念的决心以及罗永浩决心在以后的企业经营中放弃“理想主义创业者”的身份并转变为企业家的决心。

罗永浩通过这个故事向消费者展现了企业创业过程的不易、辛苦获得的产品成果、品牌的理念以及未来的发展决心，不仅赢得了消费者的支持和认可，也成功讲述了一个能够被传播的品牌故事，扩大了品牌的影响力，为企业产品和品牌做了一次有力的宣传推广。

罗永浩的《一个理想主义者的创业故事》演讲是一次与其他手机品牌的发布会形式截然不同的宣传，他重点向消费者宣传手机背后的故事而不是手机本身的客观数据属性，很显然，故事的形式让演讲变得鲜活而有力。

我们也能够从这个案例中学到许多东西。在推广产品时，用一个易于传播的故事，能够更好地引起消费者的共鸣。在大多数时候，用故事这种传播形式传播产品的价值观和核心理念，能够传递比广告多得多的内涵，更加具体地丰富企业品牌的形象，使企业变得有血有肉，更容易让消费者信任与依赖。

想要讲好一个故事，就需要考虑好故事的各个要素，并针对各个要素完善一个故事。好的故事一定要能够和听众产生共鸣。我们想要通过讲一个好的故事，将产品和品牌信息传递给消费者，就需要能够和消费者产生共鸣。那么怎样的故事能够使消费者产生共鸣呢？要让消费者听到故事并产生共鸣，可以在讲故事的时候注意以下三点。

第一，背景真实化。将故事的背景尽可能地放置在真实的生活环境中，使故事发生的环境和背景描述更加贴近消费者的生活环境，让故事的受众感到故事是真实的，是贴近现实生活的。

第二，人物模糊化。放弃一部分人物设定，不需要将人物的能力、经历和性格描述得太详细。人物描写得太具象，虽然能够使人物形象更加鲜明，但是在整个故事中描述出来，可能会令没有经历过这些事情的故事受众感到迷惑，从而降低对故事的亲切感和代入感。

第三，情节的借鉴性。大多数故事并不是独一无二的，他们可能拥有相似的情节，这些情节大多数是借鉴了普通人身边发生的事情。大多数互联网公司的故事看起来都是很相似的，他们借鉴了生活中某些事情发生的情节，把他们化用到故事中去，不仅能够使故事情节更加具有可看性，也更能让故事受众产生共鸣。

能够让故事受众产生共鸣的故事就是好故事。也就是说，利用以上这三点，对企业的产品故事进行组织，让产品故事能够引起消费者的共鸣，那么就有利于产品的传播，也有利于消费者熟知并记忆产品，即使故事的受众并不能成为产品的消费者，也能够成为产品故事的传播者，扩大品牌的影响力。

5.2 爱心传播型：史玉柱礼品传爱心

“今年过节不收礼，收礼只收脑白金。”相信很多人都十分熟悉这句广告语。那么，脑白金是怎样成为大家耳熟能详的产品的呢？

在推出脑白金之前，史玉柱的巨人集团正处于发展的低谷，为了企业的再次崛起，史玉柱推出了影响很多人购物选择的脑白金。为了讲好产品故事，史玉柱将脑白金和传统节日结合在一起，将脑白金定位为向长辈传递爱心的礼品，明确了产品的使用场景。

为了给消费者留下好印象，史玉柱先出版了一本书免费向消费者发放，让消费者对脑白金有一个初步的了解。在软文撰写方面，他请 20 多个文案高手进行封闭式写作，然后把这些经过反复设计的文案以新闻的形式在全国推广。当消费者对脑白金有了一定了解之后，迅速推出了“今年过节不收礼，收礼只收脑白金”的广告，大大激发了消费者的购买热情。2000 年，巨人集团凭借脑白金创下 13 亿元的销售业绩。

那么史玉柱成功做火脑白金背后的秘诀是哪些呢？

首先，用史玉柱的话来讲，就是“花 70% 的精力关注消费者，投入 20% 的精力做好终端执行，花 10% 的精力用来管理经销商”。

这背后隐藏的是史玉柱对心理学的仔细研究和深刻体会，史玉柱十分重视对消费者的关注，也因此，脑白金才能深入消费者的心中。

其次，史玉柱认为，一个方法、一个政策是否能够成功，一定需要经过真正的实践才能得知。因此，做出任何决定都需要进行实际的测试，再进行大规模的投放。在多变的市场中，史玉柱将自己的各种营销手段进行不断的测试和调整，才能得出一个适应广大市场的方案大范围投入使用，最终获得成功。

再次，在产品故事传播方面要做到“放烟花”式的传播，集中各种手段在同一时间内对消费者发起冲击，用爆发性的姿态强势地结合线上广告与线下的推广以及产品的投放实施，强势落地占据消费者的关注，从而既具有爆发性又具备整合性，对消费者产生深刻的影响。

最后，十分重要的一点是，史玉柱在讲述脑白金的产品故事时，将其与传统节日结合在了一起。其广告也往往是设定一个过节的情境，儿女们回家看望父母，而手中的脑白金则体现了儿女对父母的关爱。这种与节日结合在一起的故事不仅传播了产品的功用，也传播了产品的使用场景，并向消费者提出了一种建议：当过节回家对送父母什么礼品犹豫不决时，就可以选择送父母脑白金。而在广泛的广告及故事传播下，也有很多消费者一想到送父母礼品，就会想到脑白金。

并且，史玉柱清楚地将目标市场定位为“塔基”，也就是消费者数量最多的一线城市之下的二、三线城市以及地级市、县级市，这部分市场不仅是最广大的，也是最有潜力的。在一些消费者过节送长辈脑白金成为习惯后，也会逐渐吸引更多的人为了追赶潮流、向长辈表达爱心等而送长辈脑白金。

史玉柱正是拥有非常清晰的战略思维和谨慎的营销态度，才把脑白金做火、做强，使脑白金成为市场上稳固的保健品品牌。我们在进行战略规划和发展时不妨对脑白金的案例进行深刻的理解和学习，取其优势将其应用在自身产品宣传上。

5.3 爱情故事型：剧情波折，结局圆满的故事

爱情是这个世界永恒的主题。钻石、玫瑰、巧克力、化妆品等各种各样的产品都可以与爱情联系起来。OLAY（玉兰油）是英国最大的护肤品牌，诞生于19世纪50年代。OLAY进入中国后，连续十多年蝉联“最受欢迎的护肤品牌”，创造了业内奇迹。在这个奇迹背后，是一个有着“狗血般的剧情，圆满的结局”的爱情故事。

英国少女艾伦跟着父母搬到了波特梅小镇时，只有15岁。在艾伦家的院子里，有一棵玉兰树。每到开花时，镇上就有一些少年偷偷到艾伦家里摘花。刚刚搬到这个陌生的地方，艾伦一个朋友都没有，所以少年们来偷花的时候，艾伦心里其实非常喜欢这种短暂的热闹，但是艾伦的父母却非常讨厌他们。

艾伦想要跟这群少年交朋友，于是这天晚上偷偷摘下来一袋子玉兰花，想要在少年们来的时候送给他们。艾伦听到院子里的声音，就捧着玉兰花走了出来，但她刚推开门，就有一盆水从房顶上倾盆而下，将她浑身浇透。少年们则吹着口哨一哄而散。

这时，一个男孩从玉兰树上爬下来，用袖子帮艾伦擦拭头发和脸庞，并轻声对艾伦说："对不起，他们让我爬上树这样整你的家人，是我的错，我不应该听他们的话。"艾伦将湿漉漉的白玉兰扔给男孩，说道："除非白玉兰变成火红色，否则我永远不会原谅你！"说完，艾伦"砰"地关上了门。

过了几分钟，艾伦听到有人在敲窗户的声音，探头一看，窗外的男孩正手捧着一朵火红的玉兰花。艾伦接过这朵火红的玉兰花，发现花瓣被涂抹得非常均匀。男孩大声喊道："可以原谅我了吗？我的名字是格拉罕！"就这样，少男少女因为一朵红玉兰相恋了。情窦初开的少男少女常常手牵手在小镇上约会。

不久，战争爆发了。刚满 20 岁的艾伦被红十字会选中，派往战地医院工作，而她的恋人格拉罕却需要继续完成学业。

来到战地医院不久，艾伦很快就经历了一场残酷的战役。艾伦的左耳不幸被弹片击中，需要立即动手术。然而手术前，医生发现艾伦已经怀有两个月的身孕。如果想要保住孩子，那么艾伦就不能使用抗伤口感染的药物。艾伦选择了保住孩子，这也使得她的伤口不断恶化，蔓延到了半边左脸。艾伦的美丽容颜不见了，取而代之的是丑陋的黑色伤疤。

心痛欲绝的艾伦用一块厚厚的黑纱蒙住了大半张脸，回到了家乡。看着家里依旧芬芳的玉兰花，艾伦忽然看到一丝希望。艾伦开了一家诊所给人看病打针，并在诊所前种了一棵玉兰树，终日戴着黑色面纱。

有一夜，狂风暴雨将玉兰花打落了一地。艾伦触景伤情，不忍心花儿就这样凋零，于是将花儿全部拾起来放进了泉水中。暴雨一连下了几日，艾伦只能用泡着玉兰花的泉水敷脸。仅仅一周，艾伦发现脸上的伤痕颜色变浅了，于是猜想是玉兰花和泉水共同作用的结果。通过查阅书籍，艾伦发现玉兰花真的有美白效果，而泉水属于少有的富含多种矿物质的冷泉，对于促进伤口愈合更新角质层细胞有显著作用。

这个意外发现让艾伦对恢复自己的容颜更有信心了，每天用玉兰花和泉水敷脸更加频繁。而每个深夜，艾伦便默默地站在格拉罕家楼下，望着心上人的窗口。

此后，艾伦开始了多种尝试，将玉兰花、泉水、牛奶混在一起敷脸。半个月后，艾伦脸上的伤痕变得非常淡。艾伦的开心没有维持多久，因为她发现，疤痕淡化了，但是突兀的痕迹却丝毫没有被抚平。

不久后，艾伦收到了威尔士红十字会寄来的包裹，里面是一小盒面霜，瓶底写着："一日三次，可以平复外力带来的皮肤组织挫伤。——红十字会献给在战争中受伤的勇士。"艾伦非常惊喜，白天使用这瓶面霜，晚上用泉水、玉兰花和牛奶敷脸。当那一瓶面霜被艾伦用完时，奇迹出现了，艾伦脸上原先凹凸不平的伤痕没有了。

艾伦摘下面纱，奔向格拉罕的窗下，大声喊格拉罕的名字。格拉罕抚摸着艾伦的脸，流着眼泪说道："你终于好了，我的心血没有白费。"看到艾伦惊诧的样子，格拉罕说出了一切。

原来，自从艾伦回到这里开诊所，格拉罕就联想到了自己在战争中失去联系的恋人。但他知道，艾伦越爱他，就越是在意脸上的疤痕。他决定为艾伦研究一款产品，帮助艾伦淡化伤痕，平复伤疤。经过无数次的试验，格拉罕终于研制出了那瓶面霜。为了给艾伦一个惊喜，格拉罕通过红十字会将面霜寄给了艾伦，然后等待心上人的到来。

听到格拉罕的话，艾伦流下了幸福的泪水。可以说，爱的奇迹创造了 OLAY 这个品牌。格拉罕将这款修复受损皮肤的产品推向了全世界，并以艾伦的谐音命名为 OLAY。OLAY 之所以受到全世界女人的追捧，不仅是因为它功效显著，还因为她们懂得，只有爱可以让女人变得更美。

为了当年的一个承诺，男人辛苦打拼，最终成就了一番事业；一见钟情，此后便是无数次的默默关注，几十年的单相思；突如其来的变故将两个互相倾慕的人分离开来，还未来得及互表心意，几年后，两个人终是再次相遇……我们的品牌需要一段怎样的爱情故事呢？

5.4 应运而生型：对不起，我们来晚了

应运而生型的产品故事通常是这样的："对不起，我们来晚了！我们没有早点为您提供更优质的产品，我们非常内疚！在 ×× 问题越来越严重的情况下，我们深入市场进行了广泛研究，集合多名专家的研究成果，最终建立了 ×× 品牌，希望帮您解决……的问题。"

三个爸爸儿童专用净化器就讲述了一个应运而生型的产品故事。

近年来，城市雾霾天气越来越严重，有从城市扩散到农村的趋势。人们想出了各种方法来应对：口罩防护、种植植物、使用空气

净化器等。其中，空气净化器最受人们的青睐。

三个新晋奶爸戴赛鹰、陈海滨、宋亚南聚在北京一家咖啡馆里聊着自己的孩子。升级为父亲，他们都是非常快乐的，但是谈起雾霾对小孩造成的伤害，他们深感忧心，表示几乎不敢带小孩出门。其中，宋亚南称他的宝宝出生之后因为雾霾引起了呼吸道疾病，几次进医院治疗。每次陪孩子去看医生，宋亚南都非常揪心，有说不出来的痛苦。

于是，三人商量着一起去买空气净化器。他们把市场找遍了都没有找到清除 PM2.5 和甲醛效果最好的净化器。由于对净化器不太了解，三人决定向做空气净化的李洪毅请教。李洪毅把目前市面上的净化器的型号、寿命、价格、功能等给他们大概介绍了一下，并告诉他们由于空气中含有的有害物质太多，当前市场上的净化器都是分开处理这些有害物质的。

听完李洪毅的介绍，他们非常失落，因为花大价钱买回来的净化器竟然不能满足他们的需求。为了不让宝宝再受雾霾的侵害，三人决定组建一支专门为宝宝研发空气净化器的团队，研发出能够真正保护儿童呼吸系统的净化器。三个门外汉想法很好，但是专业性的东西还是需要有专业人士的帮助，于是他们邀请了制造净化器的专家李洪毅加入。

三位爸爸首先在众筹网上发布了这一创意，上线之后受到很多家长对这一项目的支持，并表示愿意购买。得到众人支持之后，三个爸爸团队开始研究市面上的净化器，经过比拟研究设计出一套套的方案，再经过反复推敲商议最终设计出了一套适合儿童净化器的方案，并命名为“三个爸爸儿童专用空气净化器”。

为了解决儿童、孕妇等弱群体容易被雾霾等空气有害物质侵害的“痛点”，三个爸爸展开了母婴社区调查，找到了几十个关于空气净化器的“痛点”，最终总结为四大核心“痛点”。

针对清除 PM2.5 的效果不可见的“痛点”，三个爸爸决定用数据说话。三个爸爸通过给净化器装上工业级 PM2.5 传感器，使得用户家中的 PM2.5 数值可以在手机 App 里显示出来。使用三个爸爸净化器以后，如果家中有人吸烟，可以看到 PM2.5 数值立即上升。通过这种方式，清除 PM2.5 的效果实现了可视化。

针对净化空气导致二氧化碳浓度升高的“痛点”，三个爸爸找到的解决方案是把二氧化碳变成氧气。这也是一种潜艇军工技术，即当二氧化碳浓度增加的时候，通过催化反应将二氧化碳转化成氧气，解决净化空气需要开窗通风的问题。

不久，三个爸爸发布全球首款儿童专用净化器。两年后，三个爸爸在北京发布新品——零臭氧智氧新风机 M160。新风系列新品由三个爸爸联合跳水冠军田亮共同研发，得到了牛文文、那威、胡海泉等明星的一致好评。

无论是空气净化器，还是新风系列新品，三个爸爸致力于改善儿童家庭的室内空气质量、保护孩子健康呼吸的初心不变，正如其品牌口号所说的“我爱你，呼吸为证！”

移动互联网时代给产品带来了前所未有的机遇，只要找对了用户的“痛点”，一个打动人心的品牌就可以应运而生。最终的结果就是一款产品聚集起一批忠实客户，建立起品牌与目标客户之间的强关系，这是包括三个爸爸在内的所有应运而生的品牌规律。

我们可以发现，应运而生型的产品故事是以解决问题为基础的。

如果我们的产品能够帮助客户解决一个长久以来给客户带来烦恼的问题，那么不妨告诉客户“对不起，我们来晚了”，然后向客户讲述一个应运而生型的产品故事。

5.5 名字来历型：产品文化内涵的故事

想知道我的产品为什么叫这个名字吗？想知道我的产品倡导什么精神吗？想知道我的产品为什么那么受欢迎吗？一个悠久的名字来历故事将告诉你一切。下面一起看看 Nike 这个名字的来历故事。

奈特是 Nike 的传奇领袖，是世界 500 强公司中最古怪的领导人。读初中时，奈特是当地一名优秀的中跑运动员。大学期间，他成为一名长跑运动员，并结识了田径队教练鲍尔曼。

当时，奈特在田径队里只是一名平庸的运动员，他的长跑成绩与世界级的运动员相差甚远，但是奈特非常热爱运动，所以他决定参与教练的制鞋研究。当奈特到日本旅行时，发现日本人鬼冢喜八郎制造了一个仿造阿迪达斯的运动鞋品牌“老虎”。奈特认为这种仿制鞋包含着无限商机，与他心中的运动鞋不谋而合。

奈特谎称自己是美国一家运动鞋销售公司，成功得到了老虎牌运动鞋在美国的经销权。回国后，奈特和鲍尔曼成立了蓝带运动公司，在美国销售第一批老虎牌产品。

又过了几年，奈特决定重新为公司命名，Nike 就这样诞生了。在古希腊文化里，Nike 不仅象征着战争胜利，还代表着希腊人日常生活中的许多领域，尤其是竞技体育领域中的成功。Nike 也被认为是带来好运的神祇，是艺术家们喜欢表现的对象之一。

胜利女神的故事给 Nike 这个品牌赋予了含义，将胜利女神的名字作为品牌和产品名字，也是因为 Nike 希望自己的产品给运动员带来胜利。

同年，老虎牌运动鞋公司派人来美国对奈特提出了“购买耐克公司 51% 的股份，并在 5 个董事中占据 2 席，否则立即停止供货”的苛刻要求。奈特和鲍尔曼断然拒绝了他们的无理请求，并向地方法院对他们这种过分的行为提起了诉讼。在斯特拉塞尔律师的努力之下，奈特赢得了官司。被奈特的个人魅力吸引，斯特拉塞尔也加入 Nike 公司，成为公司的主要领导人之一。

斯特拉塞尔的加入对耐克具有重要意义。斯特拉塞尔将 Nike 带进了大学校园，此外，他还建议奈特将公司复兴的赌注压在 NBA 新秀乔丹身上。事实证明，这个决定是正确的。Nike 从此开启了“Air Jordan”时代。

“奈特和 Nike 把我变成了一个梦幻式的人物。”乔丹在退役前说。Nike 公司的“飞人乔丹”系列运动鞋因此成为一个永恒经典。

对企业来说，一个好名字应当和企业、产品的定位相吻合，同时还应当有丰富的内涵。随着企业的发展壮大，企业品牌和产品名字可以流传千古，其内涵意义非常重要，而内涵意义的载体就是故事。如果我们的公司有一个好名字，那么不妨为其包装一个名字来历型的故事，加深客户的印象。

5.6 诠释卖点型：用故事提升产品价值

为什么一瓶普普通通的水可以卖到上百元？答案是这瓶水有一个广泛流传的产品故事，虽然水很平凡但是因为故事价值飙升。任何产品都有机会变成奢侈品，只要有一个好的产品故事，牛奶就可以变成顶级牛奶、火柴就可以变成顶级火柴、牙膏就可以变成顶级牙膏，等等。产品故事的作用就是将平凡变成神奇。

对产品而言，诠释卖点型的产品故事应用范围最广。设计理念、产品原料、生产工艺、服务理念等都可以构成产品的卖点，可以用一个故事讲给客户听。下面，一起看瓶装水是如何通过诠释卖点型的产品故事提升价值的。

矿泉水、冰川水、河水、湖水、井水……全球分布着各种大大小小的水源。在水资源匮乏还没有波及全球的情况下，水依然是最普通的资源之一。走进任何一家商场，几乎都能看见货架上陈列的各式各样的瓶装水。瓶装水的诞生极大地方便了人们的生活，实用、方便这一卖点在绝大多数消费者心中的价值是一元到两元。

随着市场竞争加剧，很多瓶装水公司为了维持销量，开始进行各种降价促销活动。一些瓶装水的价格甚至跌破一元，进入典型的微利时代。在这种艰难的生存环境中，瓶装水公司开始想方设法进驻高端领域，通过提高瓶装水的价格扩大利润空间。

纪念版依云矿泉水 98 元一瓶；挪威芙丝矿泉水 85 元一瓶；萨奇苦味矿泉水 160 元一瓶；美国布岭矿泉水 36.75 ~ 90 美元一瓶；加拿大史前一万年 12.92 ~ 45.83 美元一瓶……如何让消费者心甘情愿用买白酒、红酒的价格买下一瓶水？高端瓶装水品牌都不约而同地为产品添加了一个诠释卖点型的故事，通过神秘、浪漫或珍稀等卖点吸引消费者，支撑高价。

从几十元到几百元，从国内的西藏 5100、九千年，到国外的依云、挪威芙丝，几乎所有的高端瓶装水都有一个关于水源地的故事，如表 5-1 所示。

表 5-1 各大高端瓶装水品牌的水源地故事

品牌	故事
俄罗斯 K 卡 -7	水源形成于距今 6500 万年左右的白垩纪时代
珠峰冰川	取自世界最高峰的天然矿泉活水
西藏 5100	取自西藏 5100 米，水源地泉水温度常年保持在 23℃左右
九千年	水源地在四川省阿坝州黑水县境内。水龄为 9610 年，是上亿年冰川底层的融水，当今世界已测定的水龄最长的原生态冰川泉水
斐济	欧洲的瓶装水含钙太多，虽然这样对骨骼有益，但是味蕾却会感到不适。而斐济的水产自火山岩地区，含钙较少
史前 1 万年	地球上最古老的水源
王岛云雨	产自澳大利亚塔斯马尼亚岛，那里拥有世界上“最干净的空气”，雨水自然清洁无比
420 Volcanic	产自新西兰班克斯半岛的一座死火山脚下，保证无人曾经染指
挪威芙丝	源于挪威南部的一片净土，是地球上可寻找到的最纯净的水源之一。从那里源源流出的天然水矿物质含量低，不含钠，并且口感无与伦比

对于瓶装水品牌来说，水源地成了其独一无二的卖点，每一个水源地都是时间与空间的传奇。人们在享用瓶装水时，水源地故事会使他们联想到这瓶水的神奇之旅，并因此获得时间或空间上的情

感体验。除水源地以外，不同品牌还有着不同的故事体系，诠释了其独一无二的卖点。

瓶装水品牌的卖点各不相同，所以诠释卖点型故事也都不一样，吸引的消费者类型也不一样。唯一相同的是，消费者都获得了奇妙的情感体验。正如依云所说："我喝的不是矿泉水，而是依云。"这也意味着，客户在喝依云矿泉水的时候，喝的不仅是水，更是一个关于依云矿泉水的故事。瓶装水传播了关于水的故事，使客户获得了感官和心理上的双重体验。

故事内化为产品的过程也是一个品牌从无到有的过程。而客户之所以愿意支付高价，是因为他购买的不只是产品的物质形态，还是产品故事带来的情感体验。这就是故事给产品带来的增值作用。

5.7 发展历程型：历尽风雨的几十年

一个企业的发展历程就是一个感人至深的故事，也是产品故事的经典类型之一。在历史的长河里，包括了品牌的前生今生。那些史诗般的记载陪伴着品牌长大成熟，走向世界。发展历程型的产品故事可以让客户感受到企业深厚的文化底蕴，增强对企业产品的信任。下面一起看看惠普公司的发展历程故事。

帕卡德和休利特是惠普公司的联合创始人。他们是斯坦福大学校友，在大学期间，两人便一起拟订了一份创业计划，但当时的经济大环境一片萧条，他们不得已搁置了这个计划。帕卡德在加入通用电气公司后一直没有放下创业梦想，机会也很快就降临了。

美国经济开始复苏，许多公司都将大量采购电子设备用于更新换代，而市场出现很大的空缺。休利特也刚好毕业，两个好朋友聚在一起，决定实现他们当年的创业梦想。

休利特和帕卡德租了一套公寓，并在公寓附近的汽车库里开了一个工作作坊，开始了创业的第一步。当时，两人只有538美元的流动资金，全部资产是一个工作台、一部钻床、一把螺丝刀、一把电烙铁、一把钢锯以及若干电子零件。两人正式签署合伙企业协议，将公司注册为“Hewlett–Packard”。

公司刚成立的时候，休利特从事自己硕士论文中的一个新产品开发，而帕卡德依靠一些小活儿维持公司的运转。当他们生活朝不保夕的时候，特曼教授为他们提供了帮助。特曼教授利用自己的声望积极为他们奔走，使得惠普得以生存下来。

之后，帕卡德与迪士尼进行了长期合作，大幅提高了公司的知名度，也为惠普带来了可观的收益。就这样，惠普公司在创业第一年站住了脚跟，总收入5369美元，净利润1563美元。

太平洋战争的爆发是惠普的一个重要转折点。休利特应征入伍，这也为惠普公司战后在军用品生产方面的骄人业绩打下了良好的基础。休利特回归后，惠普公司便进入了高速发展期。两年后，惠普股份有限公司正式成立。

在休利特和帕卡德的运筹下，惠普公司不仅通过技术创新开发新产品，而且还将公司触角伸向电子设备的各个领域，包括绘图仪、电子医疗设备、电子分析仪器、科学计算器等。惠普通过持续的进步与革新站在了时代的前列。

惠普公司诞生、发展、壮大的历程几乎就是美国高科技中心“硅谷”的成长史，写成一本书也不过分。这样的发展历程故事足以让客户为之震撼，将对企业的敬仰转化为对产品的信赖，从而成为产品的忠实客户。

5.8 权威试用型：权威效应影响客户行为

权威效应，是指当一个人或一个集团有一个较高的社会地位时，他的思想与主张容易得到认同，受人重视，发挥其影响力。权威效应是一种普遍存在的社会心理现象，如果对权威效应加以利用，将会在很大程度上影响和改变他人的行为。

美国心理学家对此进行了实验：斯坦福大学心理学系导师在一次授课时，向学生介绍一位外聘教师，外聘教师是一位德语教师，而导师对学生说他是来自德国的著名化学家。“化学家”小心翼翼地拿出一个空瓶子，说他发现了一种新气体，有淡淡的香气。当他打开瓶盖时，问在场的同学谁闻到香气了，结果所有的同学都举起了手。对于一个装满空气没有气味的瓶子，为什么学生都承认自己闻到香气了呢？

这就是“权威效应”，用一句话解释就是“人微言轻，人贵言重”。有人问你是否相信权威的时候，你心里一定是肯定回答，心理学将这种很普遍的心理现象称为“权威效应”。

权威效应主要来源于以下两个原因：一是安全心理。人们通常认为权威人物是正确的榜样，听从这些人物的引导会增强自己的安全感，降低风险系数。二是认可心理。人们认为权威人物制定或遵守的原则符合社会规范，能够取得较好的效果，所以，会相信并听从权威人物的号召。

同样地，当我们走进庄严肃穆的故宫，顺着汉白玉台阶拾级而上，头顶上方是太和宝殿的高大牌匾时，会没有任何畏惧之心吗？当我们看到电视上知名教授专家的宣讲评论或代言时，不会心动购买吗？

以上这些都是利用消费者的权威效应进行的销售。请业界专家明星代言的费用固然高昂，但不可否认的是，受众认可度也很高。对于销售人员来说，权威试用型的故事可以从以下两个方面来讲。

1. 代言人的故事

权威人物的代言能够给客户提供安全感。当面对一个陌生事物时，客户的心理倾向于怀疑或抗拒的态度，出于自我保护的机制要和不熟悉的事物保持距离。作为销售人员，当产品有精准代言人为产品做宣传时，应当向客户讲述代言人与产品之间的故事。比如，为什么邀请这个明星，而不是那个明星为产品做代言，代言人对产品的使用评价等。

2．权威品牌的故事

借助权威品牌促进自身产品的销售也是一种讲权威故事的方法。

例如，蒙牛的初期营销广告是“为民族争气、向伊利学习”“争创内蒙乳业第二品牌”。蒙牛产品的销售人员便向客户讲述了一个赞赏伊利，以谦逊的姿态向伊利学习的故事，给客户留下了深刻印象，达到了销售目的。

销售人员向客户讲述权威试用型的故事，应当以产品质量为前提，否则故事就没有根基，没有说服力。

5.9 场景训练：提升企业内涵的品牌故事，应该怎样讲

讲究大爱、深沉厚重、表现真性情是传统品牌故事所具有的三大特色。20 世纪 70 年代末，人们的生活水平刚刚有所提升，人们以国民富强作为共同目标。在这一时期，品牌意识开始崛起，大家都为“争做世界销售第一”的宏伟志向而摇旗呐喊。此时，企业的品牌故事大多以宏大、爱国、团结为主题。

到了 20 世纪 90 年代，国外大品牌开始大量进入国内市场，在国内渲染了一种高端、大气、上档次的氛围。此时，传统品牌将对国家的热爱融入了日常生活。正如雀巢电视广告讲述的故事：在一个现代化的小家庭里，丈夫有着成功的事业，妻子温柔可人，一句“味道好极了”以赞美的姿态营造出幸福的家庭生活环境。

因此，回顾过去，我们可以发现传统品牌的故事传播原则是一致的：首先，以通俗、生动的故事来阐述品牌，使消费者易于接纳；其次，通过有温度和情感的故事情节打动消费者，使消费者记忆深刻。

在互联网化的新媒体时代，企业更加擅长讲故事。苹果、小米、海底捞……传统的企业文化必须有创新，有改变，否则将面临死亡。品牌转型不仅意味着产品功能的走向转型，还包括了品牌故事创新。快节奏的城市生活使得人们格外享受碎片化时间里品上一段小故事，享受瞬间的感动，又或接力一个趣味游戏，体验片刻的愉悦。下面是新媒体时代企业讲故事的三大法则，内容如图 5-1 所示。

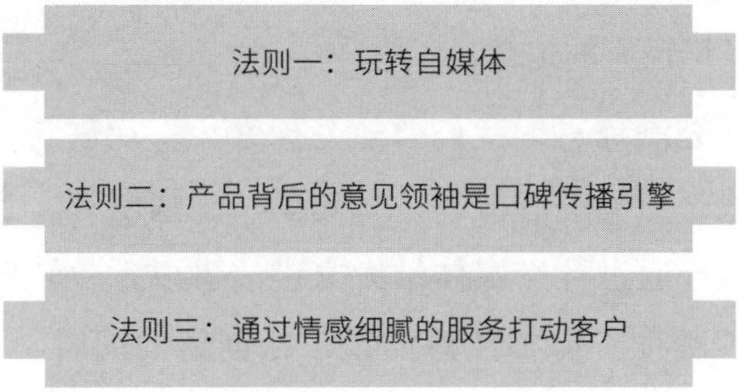

图 5-1　新媒体时代企业讲故事的三大法则

法则一：玩转自媒体

曾经的宝马引发的“沙漠怪圈”事件闹得沸沸扬扬。事情的起因是某摄影师发布的一条令人匪夷所思的微博消息：“某沙漠旅行者发现巨型怪圈，地点在距离西宁开车 3 小时左右的戈壁滩。巨型怪圈有着十分规整且精确对称的圆环和线条，沟壑很深，目测有 3 ~ 5cm。”在图文并茂的情况下，关注此微博的用户从外星人好事者向整个网络蔓延，微博中的公开视频一周内获得 96.2 万次的点击量。

“沙漠怪圈”事件经过媒体和公众大肆传播，引起社会广泛关注和猜测。在引起不小的社会轰动后，宝马站出来澄清了事实。原来这是宝马为其 1 系家族以及即将上市的全新 1 系所策划的营销活动。这种特立独行的故事营销方式，正好迎合了宝马 1 系的目标消费者。他们富有个性、活力充沛、热爱探索、喜欢创新。

随后，宝马发布了一段广告视频，向人们展示了“沙漠怪圈”的形成过程。原来“沙漠怪圈”是三辆宝马合作完成的——三辆宝马 1 系利用导航仪对驾驶路线进行精确计算并控制最终碾轧而成。“沙漠怪圈”的形成充分显示了宝马 1 系优越的操作性能，使宝马 1 系获得了很多年轻人的追捧。

生活处处充满惊喜，我们要热爱探索，喜欢创新，这正是宝马在新媒体时代打造的品牌故事。一句话、一幅图片，企业很容易吸引大众的视线。通过社交媒体给大家讲故事以无数转发与评论宣告了人们的欢迎程度。需要注意的是，在创新的同时不要过于浮夸，尤其是在灾难面前，不可过度炒作，否则会带来负面效果。

法则二：产品背后的意见领袖是口碑传播引擎

“褚时健”种植的“褚橙”是近年来口碑传播力度最强的品牌之一。本来生活网对这批褚橙给予了足够的重视，还为其设置专题销售区，像打造明星产品一样打造这批褚橙。5 分钟内售出 800 箱；24 小时之内售出 1500 箱；上架首日，褚橙的销量已经高达 3000 箱。本来生活趁热打铁，与褚时健签下了次年的独家网销，供货量为 2000 吨，并合作规划了未来 20 年的市场。

褚时健是一家玉溪卷烟厂的厂长。在任的十几年，玉溪卷烟厂成了一台印钞机，年税利从 0.97 亿元飙升到 206 亿元，褚时健带领的玉溪烟卷厂生意火爆，但这也为他日后栽跟头埋下了隐患。72 岁时，褚时健被判无期徒刑，狱中的褚时健苦闷至极，身体状况也每况愈下。3 年后，因为严重的糖尿病，褚时健保外就医，从此隐没在云南哀牢山种橙子。

“衡量一个人成功的标志，不是看他登到顶峰的高度，而是看他跌到谷底后的反弹力。”在北京看到褚橙上市后，王石引用巴顿将军的话表示出对褚时健和褚橙由衷的致敬。除王石以外，潘石屹、梁冬、杨锦麟等知名人士纷纷发微博为褚橙捧场，“品褚橙，任平生”成为贴在褚橙上的正能量标签。正因为谱写了一段褚时健历经磨难的创业故事，激起了人们的共鸣，所以褚橙引发了大众的追捧。

通过产品背后的意见领袖进行口碑传播是新媒体背景下企业讲故事的方式。需要注意的是，无论产品包装得有多个性，质量永远是关键。如果产品质量不合格，背后的意见领袖再有个性，也无法建立良好的口碑。

法则三：通过情感细腻的服务打动客户

去过海底捞的客户应该都有过这样的感受，在海底捞，等待是一种享受，不仅没有饥肠辘辘，还有各种贴心的餐前服务。在等待过程中，客户可以享用免费的水果、饮料、零食，还可以玩扑克牌、跳棋等娱乐游戏，也可以享受免费美甲、擦皮鞋服务，还有让无数家长都安心的幼儿活动区。单单是用餐前的等待过程就可以享受到如此细致的服务，更不用说用餐服务了。海底捞不仅会提供用餐时的围裙、毛巾、扎头发的皮筋、发夹、眼镜擦拭布以及手机保护袋，还会根据用餐人数为客户提供科学的配餐建议。

面对这样的服务体验，客户能够暂时忘记高压的工作与生活。所以说，越是情感细腻的服务，越容易打动人心。需要注意的是，对于贴心服务，客户确实很受用，但是过度热情，时刻贴身跟进反而剥夺了客户的自主权，让客户难以自由放松，最终引发客户的反感与顾虑。

无论是传统品牌，还是新媒体时代，都需要故事来支撑起品牌内涵。而简单到让人一无所知的产品在这个注重文化内涵与精神理念接轨的年代，是难以从激烈的市场竞争中胜出的。

练习题

1. 如果你销售的护肤精油想要将“杨贵妃使用过的精油”作为宣传重点，你将如何讲述这个产品故事？

____

____

____

2. 如果你销售的产品在市场中有许多替代品，你将如何通过产品故事打造产品特色？

____

____

____

3. 每一件产品的背后都可能存在一个引人入胜的背景故事，去探究产品名字的来历，并将其编写成一段让人震撼的故事吧。

4. 企业在发展的几年、几十年、几百年间，肯定经历了不少风风雨雨。试着将企业的发展历程进行整理，让客户更直观地感受企业的文化底蕴吧。

5. 如果推荐产品的权威人士是一位行业专家，你会如何讲述这个产品故事？如果推荐产品的权威人士是一位明星代言人呢？

第 6 章
辛苦度故事，让客户知晓你的努力

有些时候，我们可能为客户付出了很多努力，包括反复修改方案、四处奔波、加班加点等，客户最终却选择了别人，你一定非常气愤，但是却无可奈何。回想一下，你的努力客户看见了吗？你有没有把自己的辛苦度故事讲给客户听？如果答案是否定的，那么失去客户也就不奇怪了。

6.1 付出的努力，应当让客户看到

想象一下这样的情景：你正在为某一个客户服务，而且整个团队非常认真，十分卖力，但是最后客户不但表示不满，反而要换掉你们团队。很多团队都经历过这样的打击。在职场中，努力是一方面，而让客户看到你的努力和付出是另一方面，也是最重要的一方面。如果客户看不到，那么一切努力都有可能是白费。

魏川是一家项目推广服务公司的项目经理。由于人事变动，魏川接手了一个新项目，因为项目利润很大，所以是公司的重点项目。原团队核心人员有的被高薪挖走，有的因私人原因辞职，总之一个月之内都陆续辞职了。魏川接手这个项目，也算是临危受命。

然而，接手项目后，魏川第一次跟客户接触就发现，客户对他们更换团队很是不满。魏川带着新团队跟客户见面的时候，客户反复提起原来的团队。尽管魏川的领导明确表示新团队不比原来的差，但客户还是直接表示不希望由不熟悉的人来接手这个项目。为此，魏川跟客户表了决心，一定会把事情做好。

魏川知道，客户之所以会如此不满，一是因为原来的团队确实做得很好，二是因为他们没有安全感。客户害怕新团队不能达到要求，从而影响他们的业绩。为了消除客户的顾虑，这一个月，魏川带领团队打起十二分精神做事情。

为了拓展客户，销售人员每天在38℃的高温天气去大街上发传单，有两个员工还因此中暑；策划人员对待每一场活动和每一个方案都不敢掉以轻心，为此连续多日加班到深夜。就连魏川都无数次在高温天气下去跑市场，去分析自身产品与竞品之间的差距……几天下来，魏川已经被晒黑了几个度。

提交给客户的东西都是魏川团队经过无数次修改的；每次与客户开会前，魏川团队内部都要先开一个小会，把会议流程演练一遍。为了第一时间帮助客户解决难题，让客户感受到他们的专业，魏川和整个团队付出了很多努力。

结果并不理想，三周后，客户说要在服务团队里加入另外一家公司，与魏川团队所在公司同时服务这个项目。听到这个消息，魏川的挫败感很强。同时领导告诉魏川，因为公司对这个项目非常重视，而之前团队核心成员全部替换这件事给客户留下了非常不好的印象，所以公司会派出更高级的团队来接手这个项目。

魏川无法反对公司的决定，只好把这个投入了大量精力的项目移交了出去。交出去之后，整个团队人员情绪都很低落，不明白为什么做了三个星期的努力，客户一点都看不到，还会做出这样的决定。

为了鼓舞士气和总结经验，魏川组织大家一起开会，分析原因。团队成员讨论了很久，没有一个人找到核心问题所在。直到公司入职不久的一个新人说了一句："我们是努力了，但客户不知道啊！"话说完，集体沉默了三分钟。

关键就在这里，客户拿到魏川团队提交的数据表格，看到的就是很简单的数据表格，但却是团队十几个销售人员花了一个星期一家家跑出来的；客户拿到一份活动方案，看到的只是一份简单的活动方案，但却是很多个策划人员经过无数次讨论，又连夜加班赶出来的。不管这些工作做得多么认真，在客户眼里只是稍微好一点罢了。客户没看到这些成品背后的辛苦，就不会知道魏川团队有多尽力。

客户的不安全感一直存在，而魏川团队想要做好这个项目的欲望太强烈，忽略了事情的根本。魏川本应该将监督内部工作质量的时间分出一些来，用来与客户沟通、请示、汇报工作。只有增强客户对魏川团队的印象，才能消除客户的不安全感，而魏川团队努力的方向偏了。

以上案例说明，无论你做任何事情，你的努力一定要让应该看到的人看到。如果没有，那么之前所有的努力都可能是白费。如果你现在的情况跟魏川一样，那么应当好好反思自己，因为客户随时都有可能把你换掉，你对他并没有什么特殊性。只有让客户知道你为他们做过的事情，付出的努力，客户才会对你不同。

销售人员向客户讲述的辛苦度故事一般分为四种，包括时间辛苦故事、位置辛苦故事、加班辛苦故事、返工辛苦故事。那么，这四种辛苦度故事分别应该怎么讲呢？

6.2 时间辛苦：适合合作时间长的客户

“钱总，您看我们合作也快六年了。这六年里，您一步步见证了我的成长。我 24 岁进入公司，自觉起步晚就要奋起直追，于是拿着最底层的薪水，租住在北京的地下室里开始了全新的征程。不会写新闻稿，就把客户曾经的新闻稿都背熟；英文不够好，就一本本地背英文书籍和客户资料；商业背景缺失就买来商业管理书籍学习。

“您也是看到了我的勤奋和努力，所以才在我们公司众多业务员里选择了我。直到前年，我都是住在离公司 30 公里的地方。早年没有车的时候，北京地铁也不发达，我也是风雨无阻地每天坐三趟公交车上下班。再从公司到您的公司，又得转两趟公交车。

“在这六年里，跟您约定好的时间，我从来没有迟到过，跟您商量好的交付时间，也从不延迟，因为我知道这是我应该做到的，不能辜负您对我的信任啊！因为起步晚，用功就要比别人多，加班到午夜自不必说，就是早下班回家也要自学和研究行业知识到凌晨一两点。

“后来，我开始升职，从普通的业务员到业务组长，再到业务主管，最后到区域经理，赢得了越来越多客户的信任与赞赏。六年下来，我累积了现在的成绩，这其中都离不开您的信任与照顾，我是真心地感激您啊！现在，咱们的合作合同到期了，我想着咱们再续两年，您看如何？”

只要客户在长时间的合作里对你没有不满，听到你讲的这个故事，应该会很感动，签单概率是很高的。

6.3 位置辛苦：适合远距离会面的客户

位置辛苦故事适合销售人员需要远距离出差的情况。比如，公司在北京，客户在广州，销售人员就需要从北京去广州出差。位置辛苦故事一般以出差过程中舟车劳顿为中心向客户说明自己的辛苦。下面是一个位置辛苦的故事：

周经理，终于见到您了，这一路上可真是太坎坷了。我是前天早上从北京搭夜行巴士出发，昨天早上到达广州的。夜行巴士颠簸得有点厉害，一整个晚上都很难安眠，空调也有点寒冷，所以我就感冒了。在车上，我饿了就啃方便面，渴了就喝矿泉水。到达广州后，舟车劳顿、不规律的饮食，让我的胃病又犯了。我胃痛的毛病是从小学四

> 年级就开始的，每一次痛起来真的是生不如死，严重的话会痛到像是整个胃都在烧。
>
> 记得昨天晚上凌晨一点多，我在回宾馆的路上，由于长时间奔波再加上没有休息好，脸色发黄，手里、身上还大包小包的，鞋上也满是灰尘，狼狈不堪，突然就被当地的民警误认为可疑人员拦住盘查。现在我都还忘不了当地民警在检查我证件时怀疑的眼神，不过后来说了是误会。好事多磨，希望我们此次谈判一切顺利。

客户都有恻隐之心，听到你为了见他付出了这么多，一定会尽可能不为难你，把生意做成。

6.4 加班辛苦：适合订单加急，要求赶工的客户

如图 6-1 所示，在所有员工中，只有 7.7% 的员工几乎不加班，每天 8 小时以内地工作。其余的员工，20.4% 的员工每天加班 1 小时以内，34.1% 的员工每天加班 1 ~ 2 小时，27.8% 的员工每天加班 2 ~ 3 小时。另外，每天加班 5 小时以上的员工人数比每天加班 3 ~ 5 小时的员工都要多。经常看到写字楼里深夜还灯火通明，那仅仅是在公司加班的员工，还有一些员工选择在家里奋战，未来更多的是随时随地拿着移动设备工作的员工。那么，你们辛苦加班，客户知道吗？

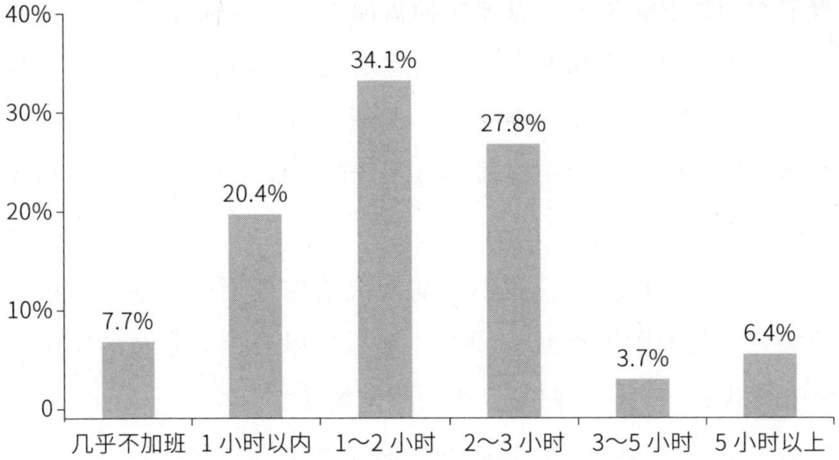

图 6-1　每日平均加班时长

对销售人员来说，遇到客户急单，被迫赶工的事情是常有的。遇到这种情况，一定要给客户讲一个加班辛苦的故事。

3 月 10 日，慧聪钢铁股份有限公司的孙总在朋友的介绍下向康成设备公司的业务经理张昊告急求助，他们公司一台风机出现故障，停产一天的损失就是上百万元，要求张昊务必在一周内将货送到现场。

3 月 15 日，张昊向孙总交货时，这样说：

“孙总，您应当知道，同类风机生产至少需要一个月工期，您现在只给了我们七天时间交货，真的是太赶了。但您是我们的老客户介绍过来的，我怎么忍心让您失望呢？为了不辜负您的信任，我亲自指挥，要求采购部外购件轴盘和主轴到货日期不得超过 3 月 13 日，其他各生产岗位严阵以待。

“13 日早晨，轴盘到公司时还是滚烫，金工车间主任柳裴及时用轴流风机给轴盘降温，5 点钟赵志刚同志开始用 C650 车床加工，一直工作到第二天早上 6 点才把轴盘加工好。主轴是 3 月 13 日中午到货，金工车间陈宁和方少华两同志从 12 点开始加工，一直工作到 3 月 14 日上午 11 点 20 分精车完工后才下班。紧接着金工车间主任柳裴和吴迪两同志开始铣键槽一直工作到凌晨 1 点 10 分完工后才离开公司。

“今天是 3 月 15 日，我们提前两天给您把货送过来，希望可以帮助您公司最大限度地减少损失。如果您以后再有合适的单子，一定要来找我们，相信我们的合作会非常愉快。”

为了棘手的案子，你没日没夜加了几天班？客户知道了吗？不妨给客户讲一个加班辛苦的故事。

6.5 返工辛苦：适合频繁要求修改完工项目的客户

软件行业是返工频繁的一个行业。软件项目的返工成本几乎达到项目成本的一半以上，无形中加大了项目成本压力，由此导致了行业利润率偏低。什么是返工？返工可以理解为没有一次性达到客户的要求，只能通过返工甚至多次返工的方法来达到客户要求。导致返工的原因有很多，包括客户隐含需求的变更、需求或设计的理解错误造成的变更、项目范围、技术平台、技术路线决策失误造成的变更、评审遗漏缺陷造成的变更、测试遗漏造成的反复修复工作等。

很少听说哪个大楼建好后又拆了重建的，但是软件项目一次次重来的例子有很多。下面是软件项目完工后与最后交付的系统之间的变动分析，如表 6–1 所示。

表 6-1 软件项目完工后与最后交付的系统之间的变动分析

变动内容	变动的可能性（非互斥关系）	对工作的影响（进度、成本）
界面元素、界面风格、界面的易用性、前台的业务逻辑	80% +	较小
设计上的变更、后台业务处理逻辑、数据库的变更、易用性设计的变化	50% ~ 60% +	较大
返工的需求、局部返工或推倒重来	20% +	大
增加的需求、范围的扩大	20% ~ 30% +	大

作为一名软件业务员，如果最后向客户交付的系统经历了多次返工，一定要把这个返工辛苦故事讲给客户听，让客户知道你们在背后付出的努力。返工辛苦故事可以这样讲：

“刘总，您可不知道，这个项目真是费尽了团队的心血呀！半年前，团队辛辛苦苦熬了几个月的通宵，终于确立了您公司的 ERP（企业资源计划）需求，规范了工作流程，系统配置也完成了，正准备按部就班上线 ERP 系统时，您打来电话说不想这么做了，提出了新的需求，这对我们真是一个晴天惊雷。或许您不知道，有时候您简简单单的一句话，我们系统的调整工作量是非常大的。

“但您是我们的上帝呀，我们再辛苦也要让您百分百满意不是？所以我们选择了返工，重新确立 ERP 需求，重新规范工作流程，重新做系统配置。中途，您又几次改变了需求，所以项目实施进度才会一再调整，上线日期也随之一再拖延。不过万幸的是，项目终于可以交付了，看起来您也很满意，不枉费团队长时间没日没夜地加班。刘总，希望以后有机会我们可以再次合作。”

交付项目时，客户看到的只是一个项目，而对你来说却是无数次返工的结果。所以，把返工辛苦故事讲给客户听，不然客户怎么知道你们在背后付出的努力呢？

6.6 场景训练：当客户抱怨你的疏忽时，故事可以这样讲

客户抱怨你对他不上心，首先自己要反省，是不是真的是自己做得不够好、不够多。有的销售人员听到客户一开口问价钱，随后就没有动静，会认为客户只是想了解一下价格而没有真正的购买意向。

姜先生打算买一辆 40 万元左右的车。一般汽车 4S 店在展厅设有销售前台，由展厅销售人员按时轮流上岗迎接客户。这样做的目的是让客户一到 4S 店，就立刻有销售人员上前接待，给客户留下一个记忆深刻的第一印象。

然而，姜先生到一家 4S 店展厅门口时，没人上来迎接，进展厅后，也没有销售人员来接待他。而他看到不远处有三位销售人员笔挺地站在那里，也不主动过来。

姜先生主动打招呼，才过来一位销售人员。由于姜先生以前也去 4S 店看过车，从来没有遭受过这般冷遇，所以他很不解地问：“难道这次是我没有提前电话预约？”

这位销售人员也不回答，直接拿来汽车宣传资料给他，就又走开了。姜先生非常窝火，心想：现在这个店就是这种服务态度，那

么维修的时候态度也不会怎么好，自己何必花钱找罪受。于是，姜先生走出展厅，去了另一家。在另一位销售人员的主动帮助下，订购了一台车。

销售人员面对客户的时候，如果是自己没努力，那么客户肯定会选择其他竞争对手。如果自己背后的付出客户没有看见，那么就需要向客户讲一个故事，下面以保险销售人员为例，看这个故事怎么讲。

“杨姐，您说我对您不上心，那我可就太委屈了。记得我去年3月份的时候进入保险行业，没有客户群，不知道开单技巧，完全不知道该怎么办，于是按照公司的安排开始去送报进行拜访。那个时候，我碰巧把报纸送到了您家里，跟您聊了一会儿。当天晚上，您打电话给我说您家的车险4月份到期，到时候会找我。在电话里，我听到您丈夫问您‘信得过吗？不会是骗子吧？’当时我还以为没戏了。

“4月份的时候，我从网上得知了每周发送周末祝福短信联系客户感情的方法，于是我开始每周给您发短信。发了四五次之后，您在我这里办了车险。您可是我的第一个客户，我是非常感激您的。为了向您表示感谢，只要公司有礼品，我都会给您申请一份，第一次是汽车安全锤，第二次是一个车载吸尘器。由于您家的旁边是卖水泥的，我还给您发了微信提醒您说：水泥地灰尘进入肺部以后，很可能会遇水形成沉淀，而且很难自然排出……

“我知道您经常自己一个人在家会感到无聊，只要工作闲下来有时间我就会跟您聊聊天。说了这么多，您还能说我对您不上心吗？或者是我哪里做得不够好，杨姐您跟我直说，我一定会给您一个满意的服务。”

在向客户讲述自己对他如何上心的故事时，可以从两方面出发，一是工作上为客户付出的努力，二是作为朋友对客户的关怀。对客户的关怀是最重要的一点，因为大部分销售人员都会因为工作的关系而对客户上心，只有很少一部分的销售人员会把客户当作朋友给予关怀。

6.7 场景训练：当客户要求降低代理费时，故事可以这样讲

如果客户让你打折代理费，你需要向客户说明，如果接受客户的要求，自己将会受到什么样的处罚，由此争取客户的同情和谅解。

客户：“小东呀，你看我们都合作这么多年了，每个月代理费都按时给你们打过去了，从来不拖延。由于最近是销售旺季，进货较多，挤占了一部分资金，这个月的代理费能不能给我们打个折呀？”

黄东：“牛总，由于您是我们多年的老客户，上一年的时候，我就向公司申请了特殊优惠政策，在正常代理费的基础上额外申请了五个点的价格优惠。而且，我们公司每次有优惠活动，我都第一时间帮您申请到了。为这事，我没少受其他客户的抱怨，他们都说我对他们不公平，甚至把我告到上级那里了。上个礼拜公司开全国销售人员会议的时候，销售总监还点名批评我，要我做检讨呢。牛总呀，您可不能再让我为难了。”

客户永远都不会嫌优惠多，如果你每一次都满足他们，工作会

越来越难做。在给客户优惠的同时，最好让客户知道你付出的努力与牺牲，让客户知道给他的优惠是建立在自己的痛苦之上的。这样，客户就不会再为难你了。

练习题

1. 当一位与你合作多年的客户与公司的合约即将到期时，你该讲一个怎样的故事，让客户与公司续约？

2. 如果你接到了一个紧急的订单，没日没夜地加了三天班才完成，你该讲一个怎样的故事，让客户知道你的辛苦？

3. 当客户反复变更自己的需求，迫使你和团队不停地更改方案时，你该讲一个什么样的故事？

4. 当客户认为你最近对他不上心时，你该通过怎样的故事让客户看到自己背后付出的努力呢？

____

____

____

5. 当客户觉得需要支付给你的服务费价格过高时，你该讲一个什么样的故事，让客户知晓你的努力？

____

____

____

第 7 章
专业度故事，向客户展现你的实力

要想在客户面前体现自己是一个专业的销售人员，一个专业度故事可以完成这一点。比如，房产中介经纪人向客户炫耀自己比任何中介都更熟悉市区地段是没有用的，但如果向客户讲述一个自己曾经带着客户到处看房，一上午看了四处房的故事就可以表明自己对地段的熟悉程度。

7.1 每位客户都想找一位资深销售

比起普通销售人员，资深销售人员的销售业绩往往更好。因为资深销售人员的专业度更高，更让客户放心，所以客户都愿意和专业度高的销售人员成交。不管你推销什么，人们都尊重资深的销售人员。如果你能够在客户心中构建资深销售人员的印象，那么客户会很愿意坐下来耐心地听你说话的。

比如，有时我们能看到一位销售人员跟上司一起去拜访客户。“这位是我们的地区副总裁冯英先生，他想和您交换一些您可能感兴趣的意见。”在这种情况下，客户往往愿意听听他的看法。

对销售人员来说，应当以资深销售人员的形象面对客户，这样有利于生意成交。普通销售人员与资深销售人员的区别是什么呢？普通销售人员的目的是卖出产品，销售过程也只是一味地说服客户购买。而资深销售人员会站在专业角度和客户利益角度为客户提供专业意见、解决方案以及增值服务，使客户做出对产品的正确选择，同时建立起对品牌的感情及忠诚度。

普通销售人员认为客户是上帝，好产品就是性能好、价格低。而资深销售人员认为客户是朋友，是与自己存在共同利益的群体，好产品是客户真正需要的产品，建立在与客户充分沟通的基础之上。

拿推销保险为例，资深的销售人员会这样开始谈话：“在过去几年中，保险业发生了很多变化。如果您不介意的话，我想花几分钟简单地回顾一下与我们有关的情况……”然后再给客户讲几个保险行业的案例故事，客户绝不会认为你是一个保险销售新手。

7.2 过程衡量：为客户考虑周全

为了让客户看到自己的实力，在给客户讲专业度故事的时候，要考虑三个方面。首先，这个故事应当体现自己在为客户服务的过程中能够为客户考虑周全；其次，这个故事应当体现出客户与你交易后结果达到了预期；最后，这个故事应当体现你对客户始终如一的良好服务态度。先看一个为客户考虑周全的故事如何讲。

“郑女士是我一个老客户，她经营一家公司，生意特别好。三年前，郑女士生了一个儿子，家庭和事业皆春风得意。为了合理规划财富，为孩子构筑可靠、稳健的未来，郑女士找到我，希望我可以为她配置保险。综合分析了郑女士的公司、家庭情况后，我给她推荐了‘丰沃一生年金分红保险’，那是专门面向高端客户的终身保险理财产品。

“该保单每年派发生存金，可终身领取。另外，客户还可以参与分红。生存金和红利若不领取还可以享受累积生息，待有需要时领取。一旦被保险人身故，将获得保险费全额返还或者额外获得一倍保险费返还。该保单还可以申请保单贷款，最高申请现金价值的80%，贷款期间分红收益与保障不受丝毫影响。

“去年，郑女士找到我，说公司运营急需一笔资金周转。经系统试算查询，我了解到郑女士可以领取生存金和分红，还可以申请保单贷款，于是将客户保单的可用资金一一罗列，为郑女士筹集了10万元，解了客户的燃眉之急。事后，郑女士特意向我表示感谢，说多亏我考虑周全，帮她选了可以申请保单贷款的分红型保险。”

7.3 结果衡量：达到客户预期

我们在第三章“结果：与客户息息相关”一节中讲到“销售人

员不要去卖产品，而是要卖结果”。产品越靠近客户想要的结果，客户就越容易采取行动。所以，在讲故事的时候，销售人员不需要刻意为客户去背产品的“十大优势”，而是要关注客户的需求，突出主角在哪种行动下得到了哪种结果。

比如，4 年前，北京天通苑的房价约 4 万元 / 平方米，16 年前的房价仅为 2650 元 / 平方米，近十二年平均增速约 22%，周洁、周浩夫妻俩咬牙签了购房合同，尽管月供压力很大，但是他们觉得选择对，因为同户型的房子三个月后的成交价涨了接近 50 万元。

专业度故事也需要描述一个客户达到预期的好结果，至于如何描述这个好结果，前文已经详细介绍，这里不再赘述。

7.4 态度衡量：保持积极的态度

很多大宗商品的销售人员总是将销售产品看作“一锤子买卖”，这使客户非常没有安全感，不敢轻易成交。所以，当销售人员向客户讲专业度故事时，要表现自己对客户的积极态度始终不变。比如下面这个故事。

“赵先生，您就放心吧，与我交易的客户，我从来没有让他们失望过。张太太是我的老客户，她前年从我这里买了一辆汽车。后来，我每隔 3 个月就要跟张太太打个电话询问汽车的使用状况，看她是不是需要帮助。而每次听到张太太友好地对我说‘没有任何问题，一切运转良好，谢谢你的关心’时，我的心里都是十分温暖的。

“后来张太太的邻居杨先生也成了我的客户。据杨先生说，张太太总是很自豪地对他说起我的事情。杨先生在我这里购买汽车的同时，还购买了大量汽车零部件，汽车的更新换代也经常找我商量。您看我的客户都主动帮我转介绍其他客户，我的服务能差吗？赵先生请放心，您从我这里买车，我绝不能让您失望。”

销售绝不是“一锤子买卖”，它是一种长期的过程。用一个和客户保持友好的关系，客户购买产品后的服务跟进故事可以很好地说明自己对客户的态度足够自始至终都周到。

7.5 场景训练：当涉及大量专业术语时，故事可以这样讲

销售人员向客户展示自己的专业能力，不一定非要说专业术语，因为客户很有可能听不懂。王贝想要购买一套具有古风韵味的家具，便去了一家红木馆家具店。销售人员听了王贝的想法和要求后，便为王贝讲解家具的样式问题，包括是想要霸王枨还是罗锅枨，家具的接入方式是想要夹头榫还是插肩榫。王贝不明白这些名词都是什么意思，被这几个专业术语搞得一头雾水，只好无奈地离开这家店。王贝是这样想的：我根本搞不懂这些专业名词，算了吧，给自己留点面子，还是去别家看看吧。

上述家具销售人员在不知不觉中错失了商机。仔细分析一下就会发现，销售人员把客户当作同事在交流，满口都是专业术语，让人怎么能接受？既然听不懂，何谈购买产品呢？如果销售人员能把

这些专业术语，用简单的话语来进行讲解，让客户听后明明白白，则能达到沟通的目的，进而促成产品销售。

其实在销售产品时，一些专业术语并不是销售人员刻意说出的，只是他们在接受培训，与同事交流时经常说这些专业术语，形成了习惯。但是面对客户时，他们没有意识到这个问题的严重性，依然习惯说那些专业术语，一般客户就很难接受。因此，销售人员应当学会以大家日常使用的话语来说明自己的产品，这样不但让客户容易接受，还让客户感到贴心。

如果在介绍产品中涉及专业术语，销售人员应当用通俗的语言来讲述，而通俗的最好办法就是讲故事。下面我们看 PC 保护屏的销售人员杨哲如何用形象的小故事代替几千字的企划案，从而赢得订单的。

PC 保护屏的推销过程往往涉及大量专业术语，客户很难理解。而杨哲比较擅长把那些晦涩的专业术语通俗化，让客户容易理解。

有一次，杨哲所在的公司想把这一产品推销给当地的一家公司。在数次的谈判中，杨哲所在公司虽然提出了长达数千字的企划案，但结果仍一事无成。这一次，杨哲出马了，与客户谈判时，杨哲站在客户面前，把一根棍子举在面前，两手捏紧棍子的两端，使它微微弯折，说道："各位先生，这根棍子只能弯到这个程度。"说完这句话，他让棍子恢复原状。

"所以，如果我用力过度，这根棍子就会折断，不能再恢复原状。"他用力弯曲棍子，超过棍子的弹性度，于是棍子的中央出现折痕，再也不能恢复本来笔直的形状。"这就像人们的视力只能承受某个程度的压力，如果超过这个程度，视力就难以恢复了。贵公司的员工长时间接触电脑，那么电脑对视力的伤害就不言而喻了。而我们的产品不但能够抵御电脑的各种辐射，还能够缓解视疲劳，等等。”最终，该公司决定向杨哲购买一批 PC 保护屏。

可以替代专业术语来说明产品的故事，归纳起来有以下八种，如图 7–1 所示。

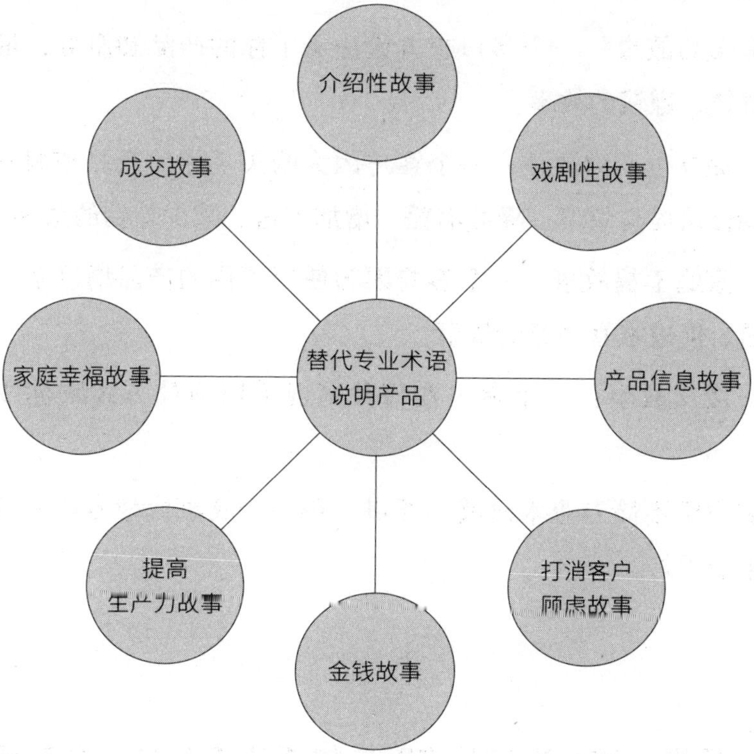

图 7-1　可以替代专业术语来说明产品的故事

1. 介绍性故事：产品是什么、产品对客户有什么用、产品将会为客户的生活带来哪些好处。

2. 戏剧性故事：能够引发客户对你和你的产品产生兴趣并予以

注意的故事。戏剧性的故事能够使客户想要听你接下来的介绍。

3. 产品信息故事：把产品的特点及长处融入故事中，然后讲给客户听，让客户不知不觉对产品信息产生认同感。

4. 打消客户顾虑故事：客户存在一些顾虑，包括担心产品质量不好、售后服务不完善等，销售人员此时可以讲述一个其他客户也有过同样的顾虑，但是最后风险并没有发生，还成为忠实客户的故事。

5. 金钱故事：一个客户想方设法买了你的产品和服务，最后帮助他省钱、赚钱的故事。

6. 提高生产力故事：一个客户因为购买了你的产品和服务，最终帮助公司提高效率、降低消耗、增加产量、减少差错的故事。

7. 家庭幸福故事：一个客户因为使用了你的产品增进了夫妻双方感情、促进家庭和睦的故事。

8. 成交故事：一个客户在何种情况下以何种方式跟你成交的故事。

客户听不懂专业术语就不要讲，用一个故事代替专业术语的说明效果会更好。

7.6 场景训练：当产品与客户的期望不符时，故事可以这样讲

在销售过程中，有时会遇到客户的要求无法满足的情况。此时，大部分销售人员的做法是放弃这单生意，寻找下一个目标客户。他

们的想法是，既然自己没有客户想要的产品，那生意肯定是做不成的，所以没有必要再浪费时间。事实上，情况并非如此。

当客户说产品不是自己想要的时候，千万不要气馁，更不要放弃。你只要满足了客户的根本需求就能成交，而不需要满足客户所希望的一切。假如你是房产经纪人，客户向你提出："我想住得离购物中心近一些。"但他有两个小孩，拥有良好的社区和学校是很有可能最终成交房子的。

房产经纪人可以这样对他说："先生，这房子确实不像您所期望的那样离购物中心很近。但是，我推荐您的这栋房子正是最适合您的房子。我是在仔细比较了您列出的所有条件之后向您推荐这所房子的。我想问问您，您更看重什么？是处在一个良好的社区内，有很好的学校，拥有两个停车位和您所需要的房间，还是离购物中心比较近？"客户听你如此一说，多半就会买下这栋房子。

由于客户的需求是多种多样的，所以销售人员首先应当细化客户的需求。在细化的过程中，你也许发现客户的某些标准你不能达到，但不要焦虑。即使这个需求是客户标准的组成部分，只要你说服客户它不是最关键的需求，就可以把这项标准淡化。

处理一些特殊问题的时候，采用逆向思维对司空见惯的似乎已成定论的事物或观点反过来思考，效果可能会更好。西方谚语说得好："上帝给你关上一道门的同时会在别处给你打开一扇窗。"当你的产品不能够满足客户的标准时，不妨变通一下，把握客户心理，借助客户自身的力量为我们所用。当产品不符合客户的心理标准时，销售人员可以从以下三个方面说服客户做出购买决定，如图 7-2 所示。

01 激起客户的好面子心理，让产品提升客户的身份

02 奇妙指出问题，使自己的产品“达标”

03 坦诚向客户请教问题所在

图 7-2　当产品不符合客户的心理标准时说服客户做出购买决策的方法

第一，激起客户的好面子心理，让产品提升客户的身份。一对夫妇到一家珠宝店选购首饰，他们相中了一只 8 万元的翡翠戒指，但是嫌太贵，一直犹豫不决。这时一个深谙客户心理的销售人员对这对夫妇说：“俄罗斯总统访华时，跟随他过来的俄高官也和你们一样很喜欢这枚戒指，打算回国后送给他的妻子，但是由于价格太贵买了另外一款 3 万元的。”这对夫妇听完后当即就付了款，拿着戒指心满意足地走了。

这枚翡翠戒指的价格昂贵，本来是不符合客户心里对所要购买的首饰价格标准的，但就是销售人员简单的一句话，促使客户下决心购买。这位销售人员并没有按照常理夸赞这枚戒指多么物有所值，而是暗示这对夫妇与俄高官的眼光一样好，但是俄高官却因为价格高没有买，满足了他们的好面子心理，促使其下决心购买。

第二，奇妙指出问题，使自己的产品“达标”。一位一只脚大、一只脚小的女士来买鞋子，试了很多双都不合脚，于是她开始抱怨鞋店的鞋子有问题。这时销售人员对她说：“太太，您的一只脚比另一只要小巧一些，我想可能是这个原因导致您穿上鞋子后感到不舒服。”听到销售人员这样说，这位女士不再挑剔，心平气和地买走了一双比较合适的鞋子。

在这个案例中，如果换成直来直去的销售人员，他可能会说："鞋不合适是因为您的一只脚比另一只脚大。"如果是这样，那么这位女士肯定会很生气，不会在这家店买鞋。当销售人员发现客户对产品不满意的原因后，如果直接讲出来会伤害客户的自尊心，可以换一种说法，巧妙指出问题所在。这样，产品就"达标"了。

第三，坦诚向客户请教问题所在。销售人员："杨经理，今天我来拜访您不是向您销售汽车的，我知道杨经理是销售界的前辈，我在您面前推销压力实在很大，大概我表现得很差，以至于几次拜访您都没能成功。请杨经理一定要指点一下，我哪些地方做得不好，让我能在日后有所改善。"

杨经理："你做得不错，对汽车的性能了解得又非常清楚，看你这么诚恳，我就坦白地告诉你，这一次我们要替公司的 10 位高管换车。当然，所换的车子一定要比他们现在的车子更高级一些，以激励士气，但价钱不能更高，否则我短期内宁可不换。"

销售人员："原来是这样。杨经理，我之前给您推荐的车是由美国装配直接进口的，成本偏高，价格也就高一些，但是我们公司月底将从墨西哥 OEM 公司进来一批同级别的车，成本较低，价格也要便宜一些。并且您一次购买 10 部，我一定说服公司尽可能地达到您的预算目标。"

当销售人员想尽各种办法都达不到客户的标准，不能令客户满意时，不妨凭借着多次拜访和客户建立的一些交情，像案例中的这位销售人员一样，坦诚地向客户请教问题到底出在哪里。你谦虚地请客户赐教，客户大概是不会拒绝你的。

需要注意的是，请客户给予指导时态度要诚恳，让客户指出自己的产品到底哪里不符合客户的标准，让客户讲得具体一些。只要弄清楚产品和客户期望的标准之间有哪些差距，然后改进产品或是推荐更符合客户标准的产品，签成订单就不在话下了。

练习题

1. 当客户对你的专业能力不放心时，你该讲一个什么样的故事证明自己？

____

____

____

2. 当客户喜欢用过程衡量销售人员的专业程度时，你该通过怎样的故事展示自己？

____

____

____

3. 当客户喜欢用结果衡量销售人员的专业程度时，你该通过怎样的故事展示自己？

____

____

____

4. 当客户喜欢用销售人员的态度衡量专业程度时，你该通过怎样的故事展示自己？

5. 你在销售时是否也会习惯性地使用大量的专业术语呢？尝试用简单的小故事代替晦涩难懂的专业术语，使语言更通俗化。

第 8 章
概率故事，让侥幸方案成为必备方案

对销售人员来说，讲好故事是通往成功的必由之路。以 4S 店销售人员为例，当他们向客户推销保险的时候，就需要向客户讲一个关于保险的概率故事。众所周知，开车发生事故具有一定的可能性，而不是必然的。但是，4S 店销售人员往往能够通过讲故事把作为侥幸方案的产品说成必备方案。比如说，这个配置也许并不需要，这种保险买与不买差别不大，但是销售人员讲完后，所有的配置、保险已经变成“买车必备”，而车主都愿意为此付款。

8.1 差别感：用对比强调产品的差别感

先看一个小故事。霍睿是云南丽江的一名导游，也向游客卖一些东西。在上玉龙雪山之前，霍睿总是把大家聚集到一起，给大家灌输各种没有氧气瓶上山顶的风险。总而言之，要想自由地在山上活动，毫发无损地下山，就必须买氧气瓶。有些旅客甚至一次买下两瓶氧气，还没有到山顶就已经吸光一瓶氧气。然而，没有买氧气瓶的那些旅客发生了什么呢？什么都没有发生。

事实上，玉龙雪山并没有说的那么可怕，如果上去时间短，根本不需要氧气瓶。然而，霍睿总是能够将氧气瓶推销给大部分旅客。道理很简单，想要让客户埋单，就要学会讲故事，而且讲得越严重，效果越好。简单来说，就是向客户讲故事的时候，要突出买与不买的差别，将产品说成必备项，这样客户就会毫不犹豫地下单了。

那么，保险推销员如何利用差别感向客户讲述买与不买的差别呢？拿客户李媛来说，假如李媛年收入 8 万元，但每年有 5% 的概率发生一个造成 8 万元损失的事故。现有一个保险，每年只需交 0.4 万元，如果发生事故则保险公司为李媛承担 8 万元的损失。

接下来就是四种情况。

1. 李媛不买保险，不发生事故，则收入 8 万元。李媛对这种情况十分满意，幸福感指数达到 100%。

2. 李媛不买保险，发生了事故，则一年没有收入，饭都吃不上，幸福感指数暴跌为 0。

3. 李媛担心幸福感指数跌到 0，所以拿出 0.4 万元买了保险。如果不发生事故，李媛收入 7.6 万元。由于边际功效递减，少一点收入对李媛影响不大，幸福感指数为 95%。

4. 李媛拿出 0.4 万元买了保险。如果发生事故，损失了 8 万元，但是保险公司赔偿了 8 万元，所以最后收入是 7.6 万元，幸福感指数依然是 95%。

这样看来，李媛如果买保险，只会发生第三和第四两种情况，幸福感指数均维持在 95%。但如果不买保险，幸福感指数就有 5% 的概率从 100% 跌为 0。

接下来再通过两个例子看买与不买保险的差别。香港演员黄日华的妻子梁洁华以及香港演员张达明都曾因为癌症而住院治疗，最终康复出院，但结果却是不一样的，原因是两方一方买了保险，另一方没有买保险。

买了保险：尽管黄日华本身比较富裕，但梁洁华是香港保险公司的高级经理人员，早就给自己买了保险，所以此次生病花费的 200 万港元全部由保险公司报销。梁洁华的病好了，而且没有花费家庭资产。

没买保险：张达明没有买保险，所以自己承担所有医治费用。最初的时候，张达明为了减轻家庭负担，甚至想要把房子卖掉。张达明的妻子何念慈作为医生，也辛勤上班接诊，减轻家庭负担。张达明的病好以后，基本上倾家荡产了。

作为保险推销员，将以上故事讲给客户听，大部分客户都不会谢绝保险的。

8.2 损失感：用价格唤起客户的损失感

在销售过程中，一些销售人员经常对客户说：“这款衣服就剩下这最后一件了，而且货源也比较紧缺，短期内我们不会再进货了，您要不买恐怕以后真买不到了。”一般来说，只要是对这件衣服感兴趣的客户，都会“听话”地买下。销售人员的话之所以起作用，是因为唤起了客户的损失感。

汽车4S店经常有促销活动。一般来说，客户今天看车，周末的时候，销售人员就会给客户打电话，跟客户说：“先生/女士，今天店里搞活动，价格有优惠，错过今天，就没有这个价格了。”

如果客户没有来看车的意思，销售人员会接着说：“之前有一个客户，店里搞活动当天，他刚好在公司加班。第二天急急忙忙赶过来的时候，活动已经结束了。当天活动当天优惠，错过了我们也没有办法，想要买选定的那一款，只能多掏四五千块钱。我们今天的活动限定名额只有20个，前20个到店订购的客户就能享受优惠。如果您现在过来，还来得及。”

销售人员传达的信息很简单，那就是，要过来就趁早，不然名额没有了，优惠也就没有了，也会像那个客户一样，损失几千块钱。

上述案例中销售人员所使用的方法是通过限时优惠让客户产生损失感。无论是线上还是线下销售，给客户规定一个优惠的最后期限都有利于客户迅速做出决定。

比如，客户在一家宝马汽车4S店，犹豫是否购车时，销售人员会透露出这样的信息：“这款车是限量版的，如果不订下，就被别人订了。下次还不知道什么时候会有呢！”客户听到这样的话，就会立即做出决定，一般会抓住机会，马上下单。

总体来说，唤起客户损失感的方法有两种，一种是限时，另一种是限量。

限时：“限期促销”“限时促销”“最后一天打折”“跳楼价，最后三天，一件不剩”等都是通过限时唤起客户损失感的方法。它们向客户传递一种“超过期限就不能享受如此优惠”的信息，这时，客户往往会选择在此时将产品“拿下”，即使需要排队等待也乐此不疲，如图 8-1 所示。

图 8-1　通过限时制造客户损失感

限量：大型商场经常举办这样的促销活动，产品限量出售，每人限购几件，售完为止。限量购买的方式非常容易吊人胃口，客户担心其他人捷足先登，自己买不到。当客户对一件商品表现出喜欢的样子，又犹豫不决时，销售人员应该告诉他：“这种商品卖得很好，但是货源短缺，只剩最后一批了，特别抢手。”这样就可以唤起客户的损失感，在当下做出购买决定。

客户在损失感的支配下非常容易做出非理性的决定，而销售人员可以利用这一点。

8.3 恐惧感：用后果引发客户的恐惧感

销售人员如果通过电话、面对面沟通等方式，向客户告知身边某种潜在的威胁、危害以及严重后果，就会使客户产生恐惧感，并在恐惧感的驱使下购买产品。具体来说，销售人员需要让客户看到身边潜在的危害，将问题放大，使客户通过眼前的事实以及现场感受与体验自己说服自己，并急切地想要销售人员帮助其解决问题。

恐惧感是一种复杂的、令人不舒服的情绪体验，有人认为它非常有趣。科学上解释人在恐惧的时候，肾上腺素分泌增多，会发生一种原始的、本能的攻击或逃避反应，然后促进荷尔蒙分泌，产生满足感。在人脑里，关于恐惧与满足的区域有部分重合。恐惧是人体最重要的保护机制，以免受生命威胁。

客户的恐惧感对销售人员来说是有利的，因为当客户产生恐惧感时，就会急于找到摆脱恐惧感的方法。比如当客户的形象被贴上最差标签的时候，客户就会产生恐惧感。为了让客户的恐惧感更强，一定要拿一个之前没有买保险，结果很严重的客户做反例。这样就能暗示客户，如果不买保险将会像案例中的客户一样损失惨重。要想制造客户的恐惧感，在此基础上完成销售，销售人员需要做到两个步骤。

第一，找到目标客户的情绪弱点。

恐惧普遍存在于在现代社会中。人们对于经济危机的恐惧，对于失业的恐惧，对孤独的恐惧，对疾病的恐惧，对灾难的恐惧，等等。还有一种恐惧被人类学家称为“全景恐惧”，是指一种扑面而来的失控感，这种高度恐惧会使消费者产生问责、悔意、负罪感，使得客户急于得到安慰，从而将情感转化成行动，产生快速消费。销售人员要找到客户的情绪弱点，加以刺激，对症下药，就能促使客户快速下单。

第二，满足消费者的渴望。

对客户的情绪弱点进行剖析之后，将之作为突破口，给客户提出建议，引出正题——我的产品可以化解你的危机、满足你的渴望。

利用客户的恐惧感促进销售是一种重要的战略应用。产品的立足点是为客户解决某种问题，而产品解决的问题可以使客户在情绪上找到落脚点，这是销售人员与客户最深层次的沟通。

有些销售人员故意夸大客户生活中的危险和疾病的危害，借以欺骗客户，这种做法是不可取的。他们所提供的震惊的数据和原理，看似令人信服，常常是任意夸张乃至随口编造的。比如，有些销售人员为了推销公司的补钙产品，向客户声称中国人 100% 都缺钙。这种观点本身是错的，目的是让客户购买他们的产品。总之，销售人员应当在事实的基础上引发并利用客户的恐惧感，但不能任意夸大。

8.4 优越感：用产品满足客户的优越感

并不是每个人都能功成名就，理所当然地产生优越感。相反地，大部分人都过着平凡的日子，承受着不同的压力。虽说常态如此，但大部分人还是希望感受到优越感的，因此，他们会比较喜欢那些能满足自己优越感的人。

对销售人员来说，向客户推销产品时，有对比的产品更容易激发客户的优越感，让客户为了满足自身优越感而选择更高级的产品。比如，客户在面对某个产品时，如果被告知别人还未拥有，而产品是最新、最潮的产品时，即使这些东西对他并不一定有用，他也会购买。因为产品并不重要，重要的是如果有了产品，就可以领先于别人，就满足了自己的优越感。

受欢迎，被重视，被理解，及时服务，被帮助，被称赞，被记住，被信任等都是客户的心理需求，销售人员要满足客户的各种心理需求，使客户产生优越感，这是达成销售的关键因素之一。

面对低配与高配，有经济实力的客户往往会通过选择高配满足自身的优越感。如果客户经济实力不足以承担高配的支出，那如何满足其优越感呢？

彭奈在成为美国著名的零售商店前，曾经有过这样一段故事。

有一个中年男人到店里买搅蛋器。

店员问："先生，我们这儿的搅蛋器有不同的等级，您想要好点的还是次一点的？"

中年男人脸色有点不好："当然是好的，谁会想要不好的东西？"

于是，店员就把最好的一种搅蛋器拿出来给男人看。中年男人问："这是最好的吗？"

店员："是的，而且这个牌子最出名。"

中年男人："多少钱？"

店员："20 美元。"

中年男人："什么！怎么会这么贵？朋友跟我说最好的也只有 10 美元。"

店员："我们这里也有 10 美元的，但并不是最好的。"

中年男人："就算这样，也不至于差这么多钱呀！"

店员："还好吧，市场上还有 1 美元的呢！"

听了店员的话，中年男人的脸色特别难看，打算掉头离去。彭奈赶紧赶了过来，对中年男人说："先生，您想买搅蛋器吧，我来给您介绍一种好的。”

中年男人表现出一点兴趣，问：“什么样的？”

彭奈拿出另外一个牌子的搅蛋器，说：“就是这种，您看看，样式不比那种差。”

中年男人：“这种多少钱？”

彭奈：“9 美元。”

中年男人：“照刚才那位店员所说，这并不是最好的，我不要。”

彭奈：“真是抱歉，我的这位店员刚才没跟您说清楚。搅蛋器有好几种牌子呢，每种牌子都有好有坏，我刚刚拿出的是这种牌子里最好的。”

中年男人：“但是，为什么比刚才那种便宜这么多钱呢？”

彭奈：“这与产品的成本有直接关系。每种品牌的机器构造都不一样，所用的材料也不一样，所以在制造成本上也有差别。另外，不同品牌的推广力度不同，广告开销也影响了产品的成本，所以这两个牌子在价格上会有不同。至于刚才那种牌子价钱高，原因有两个，一个是它的牌子信誉好，另一个是它的容量大，适合做糕饼生意用。”

中年男人脸色缓和了很多，说道：“哦，原来是这样的。”

彭奈又说：“其实，这种新牌子越来越受到人们欢迎。就拿我妻子来说吧，她就喜欢用这种牌子，性能非常好。而且，它有个最大的优点，体积小，用起来方便，非常适合一般的家庭。您家里有几口人？”

中年男人回答：“5 口。”

彭奈：“那真是太合适了，我看您就拿这个回去用吧，绝对不会让您失望的。”中年男人没有说什么，付钱买走了这种搅蛋器。

彭奈之所以成功地把搅蛋器卖给了这位中年男人，是因为他摸清了客户的心理需求，维护了客户的优越感。中年男人一进门就说要最好的搅蛋器，表示他的优越感很强。然而，当他听到价钱比较贵时，他不肯承认他舍不得买，而是把问题推到销售人员头上，这是大部分客户的做法。假如你想做成这笔生意，一定要变换一种方式，在不损伤客户面子的前提下，使客户买下比较便宜的产品。

8.5 场景训练：当客户拒绝购买大额保险时，故事可以这样讲

面对有经济实力，却不想买大额保险的客户，销售人员可以这样讲故事：

“我有一个叫孙明的客户，条件跟您相似。他是一位房地产商，虽然曾经历过 20 世纪 90 年代的楼市低迷，但由于早期拿地成本极低，熬过寒冬后，孙明终于在楼市的黄金季节翻身。现如今，他手里的楼盘销售一空，近两年赚得可谓盆满钵满。不过，在孙明和太太、儿子将座驾全部换成奔驰、宝马之后，他心中却始终有一个结。经历过楼市寒冬的孙明深知市场变幻莫测。一直以来，公司就是孙明的全部，要是孙明倒了，公司倒了，就什么都倒了，包括他的家。

“尽管好多保险公司代理人找到了孙明，但是孙明对保险一向很排斥。后来，我也去拜访孙明，跟他说，一旦公司出现风险，即使

他的房产、汽车都被追偿，但保单是可以保留、不被追偿的。就这样，孙明被我说服购买了我公司的保险产品。按照孙明的保险计划，孙明每年需要缴纳保费 200 万元，缴费期为 10 年，相当于 10 年向保险公司贡献 2000 万元，但也相当于孙明 10 年间为自己存下 2000 多万元。按规定，即便孙明的生意失败，我们向他赔偿的上亿元资金也能保证孙明一家人仍可以过上体面的生活。

“您的条件并不比孙明差，为什么不为自己以及您的家人铺好后路呢？试想一下，如果您不购买保险，当您与孙明同时在生意上发生意外，两者该有多大的不同呢？”

总体来说，销售人员要围绕“保险是给家庭财富穿上防弹衣”的主线讲故事，让客户意识到保险的重要性，然后再向客户说明买与不买的差别，让客户在差别感中将保险视为必备方案。

8.6 场景训练：当客户爱人拒绝购买保险时，故事可以这样讲

如果客户爱人觉得不需要保险，销售人员可以这样讲故事。

“说实话，我曾经遇到过跟您一样的一位客户程太太，她老公也不同意购买保险。程太太是一位全职主妇，但是非常有主见。尽管她老公不同意，她还是在私底下购买了高额少儿险，目的是帮她老公攒钱。程太太说，虽然她老公事业不错，但是花钱大手大脚。股灾来临时，她老公在股市亏了 100 多万元。虽然对家庭财富影响不

大，但还是让程太太心疼。而且，由于她老公出手大方，每年的人情开支都有几十万元，不是三姑的儿子要买房，就是四婶的女儿要出国。

"程太太无数次与老公谈这个事情，但依然无法改变老公主意，于是就私底下求助保险。由于程太太已经跟保险公司签订了年缴60万元、缴费10年的少儿险大单，她老公只能'听话'地为他们的儿子缴纳'成长基金'。经过这个事情，程太太跟我感叹道，男人闲钱太多总想花掉，而保险是个名正言顺掏男人钱的好产品。"

练习题

1. 一个怎样的故事可以强调产品的差别感，增加无糖酸奶的销量呢？

____

____

____

2. 分别使用"限时"与"限量"的方式讲一个故事，唤起客户的损失感。

____

____

____

3. 如果你是一名销售补钙类产品的销售人员，你该如何用正确的方式引发客户的恐惧感，提升产品的销量？

4. 如果你是一名销售补钙类产品的销售人员，你该如何利用产品满足客户的优越感，从而吸引客户购买呢？

5. 假如你是一位保险销售人员，请利用一个故事，同时调动客户的差别感、损失感、恐惧感、优越感。

第 9 章
为骨感的故事添枝加叶

在以苗条为美的现在，“爱美之心人皆有之”已经变成了“爱瘦之心人皆有之”，女孩子们纷纷争当“骨感美女”。故事也是如此，与其骨感，不如丰满。丰满的故事更容易吸引客户的注意力，引起客户的共鸣。

9.1 调动客户的感性情感

对公司来说，销售部门是至关重要的部门。因为再好的产品没有销售出去，也只能放在仓库里等着发霉。而那些不是很完美的产品，常常因为销售人员的专业素质和个人魅力而成为畅销品。之所以会这样，是因为销售人员更容易调动客户的感性情感，让客户在情感的驱使下做出购买行为。

在销售过程中，销售人员要想说服客户，光单纯介绍产品是行不通的，最好的方法是在说服过程中添加一些小故事调动客户的感性情感。怎样调动客户的感性情感，让客户在感性情感的影响下做出购买行为呢？

第一，使用身临其境式词语。

和客户沟通的时候，可以多说“当您使用它的时候……”这种能使客户产生身临其境的感觉的话，而不要说“如果”“假如”等词语。“当……”这样的说法具有非常好的暗示效果，可以激发客户的感性思维，让客户不自觉地想象已经购买了这个产品之后的信息。教客户怎样使用产品，而不是说服他购买的做法可以避免客户的抵触情绪，激起客户对产品的占有欲。

比如，你卖的是按摩床垫，如果客户的身材比较胖，想减肥的话，那么你就可以突出床垫通过按摩人体的特定穴位来达到辅助减肥的功效。你可以说：“使用了这种床垫，当你每天晚上躺在床上，睡着的时候脂肪都在自动燃烧，那种变苗条后的轻松感觉是多么痛快和舒服。”这样，通过身临其境式的语言帮客户想象减肥成功后的感觉，可以强化产品在客户心中的印象，客户自然会想要马上拥有这种产品。

第二，通过重复加深客户的印象。在人的潜意识中，如果不断重复地听到一些人、事、物，那么这些人、事、物就会在潜意识里变成事实，得到人们的认可。在销售过程中，销售人员如果能够对客户看重的产品特点进行反复说明，那么它将会在客户的头脑中形成清晰的印象，促使客户认同产品，从而下定购买的决心。

销售人员在重复产品能满足客户的需求时，可以多使用身临其境式的语言，把两种方法结合在一起运用可以产生更大的感染力和推动力。比如，你卖的是美白面膜，如果客户肤色不是很白，正想美白，你就可以不断地重复面膜的美白功效，通过反复强调产品特点来加深客户印象，进而达到销售的目的。

9.2 加深：故事主角的需求层次

一个丰满的故事要求故事主角的需求越强烈越好。需求即差距，就是现实与期望之间的距离。从客户的角度来说，需求有六大层次，内容如图 9–1 所示。

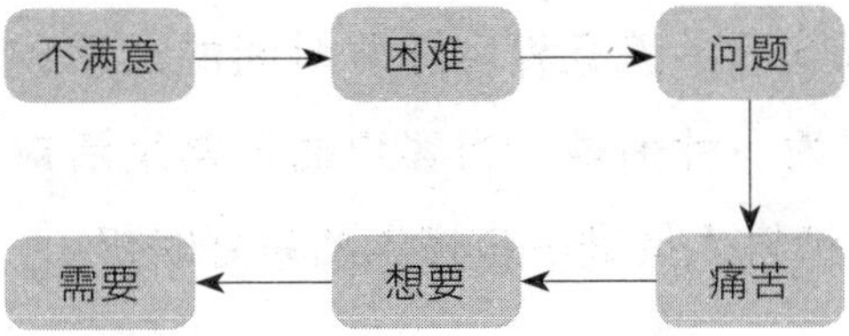

图 9-1 需求的六大层次

1. 不满意

客户在产生某种需求的时候，第一个阶段表现出来的是对现状的不满意。这些不满意就是销售人员可能进入的关键点。

一位名叫赫伯特的推销员，成功地把一把斧子推销给了小布什总统。一位记者在采访他的时候，他是这样说的：

“我认为，把一把斧子推销给小布什总统是完全可能的，因为小布什总统在得克萨斯州有一个农场，里面长着许多树。于是我给他写了一封信说：有一次，我有幸参观您的农场，发现里面长着许多树，有些已经死掉，木质已变得松软，严重影响了您农场的美观。我想，您一定需要一把小斧头，但是从您现在的体质来看，您可能需要一把不甚锋利的老斧头。现在我这儿正好有一把这样的斧头，它是祖父留给我的，很适合砍伐枯树。假如您有兴趣的话，请按这封信所留的信箱，给予回复……最后他就给我汇来了 15 美元。”

赫伯特就是从对现状的不满意出发，给小布什总统创造需求的。

2. 困难

当客户对现状的不满意程度随着时间的推移慢慢扩大时，这种不满意就会表现为一种困难。当客户的日常生活被一种困难严重影响的时候，便是销售人员进一步切入的最好时机。

3. 问题

当客户的困难进一步演化，就会出现很多问题。这时，客户开始考虑问题对自己的影响程度。他们也许无法接受这些问题，也许想着以后再解决这些问题。此时，销售人员可以把客户的问题放大，促使客户产生解决问题的迫切感。

4. 痛苦

当客户的问题进一步恶化，或者被销售人员有意识地放大以后，客户开始痛苦。当客户感受到问题的严重性时，销售人员要进一步地把客户的痛苦感加剧，让客户难以忍受从而接受你给出的解决方案。

5. 想要

当客户的痛苦持续到了一定程度，客户会主动考虑如何减轻痛苦，从而产生了解决问题的想法。此时，客户自身对解决方案是想要的，而销售人员在这种情况下已经由被动变为主动。销售人员只要把解决方案做好并提供给他们就好了。

6. 需要

当客户主动想要了，再加上对解决方案有了一定的了解时，就对某种产品或者服务产品产生了需要，这是最接近成交的一种需求层次。对销售人员来说，客户已经基本到手，需要做的只是为客户寻找最佳的解决方案，解决他们的问题。

在讲故事的时候，销售人员可以对照故事人物的需求属于哪一需求层次。如果可以增加故事人物的需求，加深故事人物的需求层次，将故事变得更加丰满一些更好。

9.3 加大：故事情节的戏剧冲突

一个身份和能力相对普通的人突然进入一个特殊环境，面临一种困难，他需要使出浑身解数来处理这个困难情况。这在故事里是最常见、最原始的情景之一。由于大部分客户都是普通人，所以很容易对故事中的主角产生同情。那么，在普通的一天突然发生了不普通的事情，都有哪些情况呢？

比如，父亲的公司突然倒闭，自己从富二代变成了身无分文的穷光蛋；妻子嫌弃自己无能要跟自己离婚；倒热水时打碎了暖瓶导致自己身体大面积烫伤……这些事情就是极大的困难了，那么普通人如何来应对？

这种故事情节主要由两个简单部分组成，一个是作为主角的普通人，另一个是主角面临的麻烦、困难。主角越普通，完成困难的程度越大，越是压得听故事的人几乎要窒息，故事就越是吸引人。最重要的规则是：完成困难的程度越大，主角就显得越伟大，故事效果就越好。不论面临的困难是什么，主角都能成功地使出浑身解数战胜更为强大的反面力量。试想，如此强大的困难摆在主角面前，主角将这个困难解决后，听故事的人心里会有多快乐？

增加故事人物的需求与加大完成困难的程度结合起来达到的效果是加强了故事情节设定中戏剧冲突的力度。超过 70% 的故事情节不够丰满的原因就在于初始设定的戏剧冲突不够强烈，无法引起听故事的人的情绪波动。

一个故事情节的戏剧冲突如果不够强烈，就很难通过情节本身取胜，只能通过文字的语感、节奏、情感等将听故事的人带入情境。

如果你想让自己最初的大致框架设定得很好，那么除了增加故事人物的需求或欲望、加大主角完成困难的程度以外，还要加强主角去解决这个问题的执行力。

9.4 加强：故事主角的执行能力

再说主角的执行力或智慧。以上文提过的“褚橙”创始人褚时健为例，因为严重的糖尿病，褚时健保外就医。

从牢狱中出来以后，褚时健承包了2400亩荒山，与妻子一起种橙子，开始了再次创业。这一年，地产大亨王石前去探望他时，说：“橙子挂果要6年，那年他已经75岁了，你想象一下，一个75岁的老人，戴一个大墨镜，穿着破圆领衫，兴致勃勃跟我谈挂果是什么情景，虽然他境况不佳，但他作为企业家的胸怀呼之欲出。我当时就想，如果我遇到那样的挫折，到了他那个年纪，我会想什么？我知道，我一定不会像他那样勇敢。”

6年后，第一批褚橙挂果成熟，口感比较酸，一点都不好吃。此时的褚时健已经81岁了，他并没有急于销售，而是苦心钻研让橙子变好吃的方法。经过四处求教与钻研书籍，褚时健改善种植方法。在褚时健看来，“最好的橙子不应该只有甜味，还应该带有一丝微酸，果汁停留在嘴里的时候，这个结合了酸与甜的味道仿佛有了生命，能够让人感到一种自然滋味，水分也要充足，果皮也要能够用手剥开，这才是一个好橙子”。

经过不断的实验，褚时健成功种出了符合中国人酸甜口味的褚橙。褚橙在昆明的大街小巷畅销，一时成为人们津津乐道的传奇。尝过褚橙的人，都惊讶于橙子易剥的果皮、饱满的果肉以及入口即化的口感。两年后，褚时健决心将褚橙销往全国。于是，褚时健找到本来生活网等电商平台，与他们合作，尝试网上销售。

在褚时健的故事里，他便是一个有着强大行动力的主角，他必须不停地去解决出现在他面前的一个个难题。

综合起来看，讲一个丰满的故事，填充原本的故事情节，主要是从加深故事主角的需求层次、加大故事情节的戏剧冲突以及加强故事主角的执行能力三点出发。

9.5 删减：冗杂的故事情节

女性购物应当遵循一条法则，可有可无的东西就不买。故事也是一样，可有可无的累赘情节就不要。在很多销售人员给客户讲故事时，发现构建好的骨架无法填充，其中一个原因就是这个故事框架有太多的累赘，导致故事的戏剧冲突不够强烈。从根本上看，不必要的累赘情节会令整个故事的思路完全跑偏，难以去填充。

既然不必要的累赘情节不能帮助故事主线的发展，还会打乱故事主线，那为什么不删除与故事主线无关的情节呢？删除不必要的累赘情节后，就可以重新填充能丰富或推动主线发展的故事情节。

删减不必要的累赘情节不仅适用于讲故事，还适用于销售人员与客户之间的讲话。一个说话啰唆的销售人员往往是讲半天话还在兜圈子，这时客户已经听烦了，销售人员的讲话很难达到预期效果。

刘星是一家家庭装饰公司的销售人员。一次，他准备向一位客户推销一套家装产品，他与这位客户约定星期二早上 9 点在客户办公室见面。

那天，刘星按照约定很顺利地找到客户所在的办公大楼。他意外地发现，那位客户的秘书在迎接他。这让刘星受宠若惊，异常欢喜，他想这应该是位比较和善的客户。

果然，这位客户对刘星非常热情，并且主动和他聊天。刘星在与客户沟通的过程中，仔细观察他的言谈举止，并做出判断：客户是一个不拘小节、性格外向的人，应该很容易交流。于是刘星也不再拘谨，而是顺着客户的话题侃侃而谈，并巧妙地把他引到家装产品的话题上。

中间，刘星还穿插了几个自己推销过程中比较有趣的故事，使客户把注意力完全转移到自己的产品上。并且，对于客户关于产品的一些提问，刘星也总是很清晰、简洁地给以答复，说话不拖泥带水，给客户留下了业务专业、行事干练、自信诚恳、精神饱满的好印象，因而更加拉近了彼此的距离。

当客户将自己对于办公设备的想法向刘星说明后，他很快就针对客户的想法提出了合理的方案，让客户很是满意。最后，客户很痛快地订购了家装产品，给刘星带来了不小的收获。

上述案例中的客户属于外向型客户，他们一般都很健谈，但是谈的往往都是生意以外的事情。他们不喜欢销售人员一进门就滔滔不绝地介绍自己的产品如何如何优秀，如何如何畅销，如何如何适合自己，像念经一样说个没完。这样很容易引起他们的厌烦，虽然外向型客户容易对外界事物产生兴趣，但他们也容易对同一个话题感到厌倦。如果销售人员对一个话题啰啰唆唆地说个没完没了，他们往往也难以忍受。

因此，销售人员应该摸清客户的兴趣和意愿，顺着他们的话题说，并且要注意创造新鲜感，想办法巧妙地把自己的产品引到谈话当中，让客户在不知不觉之中被吸引，进而果断地进行购买。

9.6 修饰：用细微描写引起客户的情绪反应

研究发现，细微描写更容易引起客户的情绪反应，或者是不知不觉中会影响客户的思维方向。有时候，加入细微描写比填充更丰满的故事情节起到的效果还要好。为什么细微描写这么重要？心理学中有一个“鲜活性效应”，指的是人更容易受到事件的鲜活性影响，而不是这件事情本身是否具有意义。而细微描写往往能够增强听众的视觉感以及事件的鲜活性。

在一场战争里，如果战地记者不停地报道有多少士兵死于战场，很难让民众动容。但是，一旦报道有某个家庭因为失去丈夫或儿子而承受了多大的痛苦，很快就会激起民众的反战情绪。并不是因为这个家庭的士兵生命比上千个士兵生命更宝贵，而是因为这样的故事更加鲜活，大家的视觉感更强。

由于故事创造视觉感的需要，所以需要加入细微描写，这样才能引起客户的情绪反应。用细微描写创造出一种视觉感，是每个销售人员都必须掌握的能力。比如，你要描述酸酸的，当你说白醋、杨梅、柠檬、橘子等事物时，酸酸的画面感就活灵活现了，如图 9–2 所示。

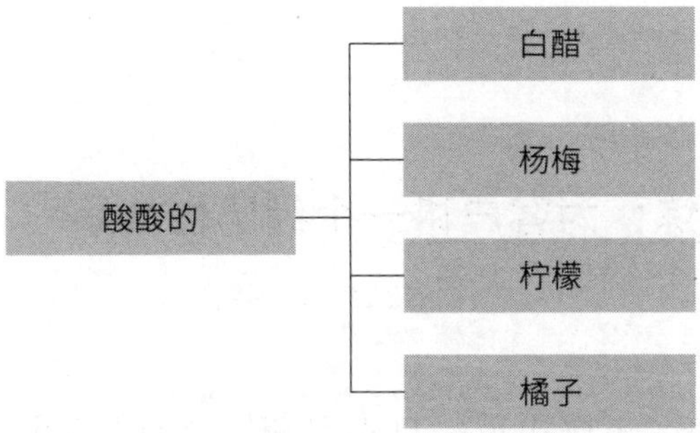

图 9-2 描述"酸酸的"可以使用的事物

说"夜拍能力超强的手机"不如说"有着大光圈、优质感光元件，保证暗光拍摄效果的手机"；说"能够拍星星的手机"不如说"极致夜拍，借助独特设计的大光圈和感光元件，第一次，你可以用手机拍摄璀璨的星空"；说"我们追求卓越，创造精品，帮你与时俱进，共创未来！"不如说"我们提供最新的知识，帮助你应对变化的世界"；说"纤细灵动，有容乃大"不如说"把 1000 首歌装到口袋里"；等等。

如果想要凸显主角有责任感、使命感，做事一丝不苟，吃苦耐劳，你可以这样说："他可以为了 1% 的细节通宵达旦，在满意之前绝不放弃最后一点改进。"

求婚的时候，细微描写也是非常有效的。当大部分人都说："我们一定会幸福生活，白头到老！"你可以描绘一个具体场景："我想在我们老的时候，仍然能牵手在夕阳的余晖下漫步海滩。"这样的说法不是更能让对方动容吗？

运用细微描写塑造一种视觉感，不仅更能激发听众的想象力，也会让听故事的人产生熟悉感和亲切感。尤其是对于陌生的情节、陌生的视觉形象，细微描写更容易被听故事的人接受。

9.7 场景训练：为客户讲一个经历性故事

大家都知道“王婆卖瓜，自卖自夸”，由此可见，产品到底好不好，不是单靠销售人员的嘴巴说出来的，还需要看实际效果。所以，借经历性的故事向客户说明产品的优质，更能让客户信服。

向客户讲述经历性的故事一方面可以拉近双方距离，使交流气氛变得更轻松、更自然；另一方面还可以增强说服力，增加产品的可信度。越来越多的销售人员意识到，向客户讲述经历性的故事是一个非常有效的交流方法。

赵燕是一位非常优秀的电脑显示器销售人员。她非常擅长借自己的经历向客户推荐产品：“我怀孕已经有半年多了，但依然在我们店里大摇大摆地忙活，不怕电脑显示器的辐射，不怕屏幕光对眼睛的伤害，那是因为我们使用的显示器便是自家销售的液晶显示器。它做过国家的3C认证。3C认证的其中一项就是电磁干扰和辐射测试。另外，我们的液晶显示器还通过了国标和世界其他标准，对人体健康的影响几乎可以忽略不计。”

故事虽小，其作用远远超过长篇大论。没有人愿意沉下心来听你讲一大堆道理，而具体的经历性故事则不一样。通过经历性故事来证明产品优质是需要技巧的，用得好会收到锦上添花的效果，用得不好则会与初衷背道而驰。因此，销售人员在讲述经历性故事时应当谨慎，按照一定的方法组织话语。向客户讲述经历性故事需要注意以下三个方面，内容如图9–3所示。

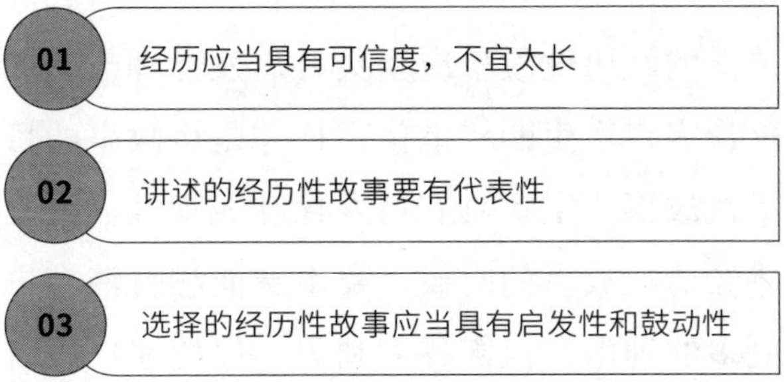

图9-3　向客户讲述经历性故事需要注意的三个方面

第一，经历应当具有可信度，不宜太长。虚假的东西很可能被揭穿，一旦客户发现被欺骗，对销售人员以及公司的印象就会一落千丈，还会损害公司的声誉。销售人员必须实事求是、诚恳地对待客户，否则就是自砸招牌。

一些销售人员向客户讲述自身经历时会虚构情节，肆意夸大其中的细节。表面上声称是为了增强说服力，实际上是对客户撒谎。可能会有人反问，客户怎么会知道是真是假呢？正所谓“说者无心，听者有意”，当销售人员列举出具体案例后，客户一定会特别留意这些信息。更何况，现在是互联网时代，客户很容易对销售人员所讲的经历性故事进行求证。倘若如此，当谎言破灭时，销售人员所虚构的案例“不攻自破”，甚至会完全失去这个客户。

第二，讲述的经历性故事要有代表性。代表性指的是销售人员向客户讲述的经历性故事应当适用于当时的情景，是最有代表性和说服力的。比如，选择那些对产品做过重要评价或褒扬的客户或者是对大家有重要影响力的特殊客户的经历故事等。一个销售人员在职业生涯中可能有很多成功的销售案例，但并不是所有的都适用当时的情景。这就需要销售人员平时多思考，多总结，选出一些故事备用。

第三，选择的经历性故事应当具有启发性和鼓动性。通过具体的经历性故事让客户产生购买欲望，这才是讲故事的目的，这要求所讲述的经历性故事一定要具有启发性和鼓动性。因此，销售人员在向客户讲述经历性故事的时候，要本着能够打消客户忧虑、为客户购买找到更多的理由、权衡各方利弊，促使客户做出正确决定的原则去选。

还有一点需要注意，尽管通过经历性故事说服客户可以起到事半功倍的效果，但在具体运用的时候要灵活。比如，为了让客户更好地接受，在介绍产品时，不要在最开始就讲故事，而是要先了解客户的想法，分析客户的兴趣爱好、购买习惯以及购买能力，等等。之后，再想办法根据客户的实际情况有针对性地选择具体经历性故事。

9.8 场景训练：如何与不同类型的客户实现交易

下面以山东莱州云峰丽景小区的房产经纪人薛凯为例，看薛凯如何与想要买房的客户讲成交过程的故事，如图 9-4 所示。

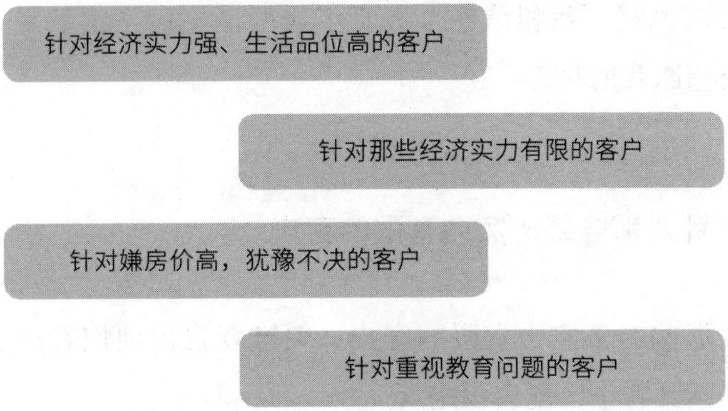

图 9-4　四种客户类型

一、针对经济实力强、生活品位高的客户

针对经济实力强、生活品位高的客户，关键要告诉他居住在咱们小区不仅生活方便，而且还能在无形中提升身份地位。

薛凯：“王先生，您看您做生意这么厉害，肯定也不缺房子住，是吧？您想要的一定是一套适合生活、适合居住的好房子了。拿我以前那个客户来说吧，他跟您差不多，也是做生意的，单是在莱州就有不下三套房子，根本不缺房子住。但那客户跟我说：‘我是不缺房子，现在有的是房子，但我就想买一套适合生活的房子，而不是孤零零的两道墙。我之所以在你们这儿买房子就是看上你们的社区环境、绿化，还有你们的音乐广场。’

“所以说啊，王先生，如果您想要一套适合居住、适合生活的好房子，咱们小区再合适不过了。您想想，每天回到家和家人一起在小区里散散步，看看咱们的音乐喷泉，还可以随处听到效果极佳的音乐，小区里的坡地景观更是专门为您打造的。这样的生活多么惬意啊！所以说啊，我相信您今天听了我的话把房子定下来，以后心里一定会感谢我的！”

二、针对那些经济实力有限的客户

针对那些经济实力有限的客户，关键要告诉他们看房子不能只看价格，还要看小区配套设施等。

薛凯：“杨太太，我知道咱们这房子确实不便宜。但是，您说咱们买房子也不能只看价格就给咱们房子定位，您说是不是？您得看看咱们的房子值不值这么多钱啊。就像我之前的客户，就是觉着咱们这价格高，说他辛辛苦苦一辈子不够买房子的。当初我跟他也说了咱们这配套什么都比别的社区齐全，以后住着也方便、舒服。但他就是不听。结果过了一个月，他又来了，他跟我说：‘小薛啊，我看了莱州所有的楼盘，才知道你们这最好、最实惠。我今天带着钱来的，咱们快把合同给签了吧。’

“所以说啊，杨太太，您今天要相信我是个实在人就定下来，免得您还得天天跑了。再说，万一到时候房子没了，您不是更伤心吗！”

三、针对嫌房价高，犹豫不决的客户

针对房价高，犹豫不决的客户，关键要告诉他们房价会越涨越高，不买后悔莫及。

薛凯：“刘哥，别犹豫了。我之前一个客户，就看好我们这儿的房子了。楼层价格也都跟他说了，让他定就是不定，总是不敢出手，害怕买贵了。隔三岔五就过来看看他看好的那套房子，非得等我们这里降价。刘哥，您说，这房子可能降价吗？

“结果有一天，我休息了，下午那房子就让我同事卖给别人了。那位客户得知消息后气冲冲地赶过来质问我，怪我不给他留房子。您说我冤不冤啊？不交钱我怎么给留房子呀，这里又不是只有我一个房产经纪人，您说是吧？最后，他老婆和孩子都怪他，没办法，只好定了套别的。要我说啊，刘哥您看好房子就千万不要犹豫，该出手时就出手。否则啊，等到房子没了，您该跟我那位客户一样后悔了！”

四、针对重视教育问题的客户

针对重视教育问题的客户，关键要告诉他们孩子的教育不仅仅在校园里，成长环境也很重要，而咱们小区里聚集了大量高素质人群。

薛凯：“李太太，一看您也是个重视孩子教育的。我们项目对面规划就有学校，而且孩子的教育不单单是在校园里，他的成长环境也尤为重要。我有一个客户是退休老教师，专门冲着我们的人文社区来的。因为在其他楼盘看到的基本都是些回迁房，住的基本都是些村里的回迁居民，而我们这一期开发的土地，大多数都是些私营企业领导和政府高干。您想呀，如果您的孩子住在咱们小区里，接触的都是高素质人群，孩子的成长也会受到熏陶。您得为孩子着想吧。”

销售人员推销最高的境界就是通过讲一个故事说服客户。把故事讲好了，讲对了，客户产生共鸣了，客户就会心动并行动。只有客户认定了你，成交才会易如反掌。

练习题

1. 当一位微胖的客户前来购买按摩床垫时，你可以通过一个什么样的故事加深客户对产品的认同感？

2. 这位微胖客户处于哪个需求层次，你该通过怎样的故事加深客户需求，促使客户进行购买？

3. 检查上述的故事中是否存在冗杂的情节，并删掉那些不必要的情节。

4. 用细微描写为上述的故事增添细节，让你的故事更加鲜活。

5. 当客户觉得房间朝向不合心意时，你该如何利用一个经历性故事打消客户的忧虑？

____

____

____

第 10 章
用肢体语言表达你的内心

在与客户交谈的过程中，许多销售人员的肢体动作很僵硬，他们不知道自己的手和脚该如何放，也不知道该如何用肢体语言来表达自己的内心，从而导致推销失败。下面一起看看如何利用肢体语言向客户成功卖出产品。

10.1 肢体语言让故事更生动

口头语言与肢体语言的配合使整个沟通变得充实和活跃。试想一下，当销售人员与客户干瞪眼、没有任何动作地坐在那里说话时，那种情景是多么呆板和无聊。除口头语言交流之外，肢体语言交流也可以互相传递很多信息。比如，当一个人身体前倾，连连点头时说明这个人对当前接收的信息很感兴趣。具体地说，按照不同的身体部位，肢体语言可以分为三种。

第一种是表情语。人们常常通过面部表情互相传递信息，开心、愤怒、悲伤等情绪都可以通过眼神、动作的变化反映出来。销售人员应当学会通过眼神交流向客户传递自己的情绪，包括对客户的关心、疑问等。

第二种是手势语。手势语指的是人利用手指、手掌、手臂及双手做出的各种动作。手势动作也可以向对方表达特定的意义，比如把手轻轻地搭在对方肩上或胳膊上表示亲密，张开双臂拥抱表示喜欢或安慰对方等。手势语在对方看来是非常明显的，销售人员需要注意不要因为一个不经意的手部动作而引起客户不满。

第三种是肢体动作语。人在行走、站立和坐卧过程中的所有动作姿态都属于肢体动作语，包括行走快慢、站立时双臂交叉于胸前或放在背后等。即使在相同情况下，不同的人发出的肢体动作也有可能是不同的，但通过认真观察和分析也能发现一些规律。比如，介绍产品的时候，客户双手紧紧抱在胸前，这说明客户此刻的防范心理很强。了解肢体动作语的规律有利于销售人员有意识地利用肢体语言引起客户注意，更准确地把握客户心理。

实际上，在销售过程中，你也可以通过观察客户的手部动作，知道客户心里在想什么。人们经常用手表达态度的方式有如下几种。

第一，手捂嘴巴。遇到这种情况，我们应该停止交谈并且询问客户："您有什么问题吗？"或者："我发现您不太赞同我的观点，让我们一起探讨一下吧。"这样就可以让客户提出自己的异议，销售人员也有机会来解释自己的观点并且回答客户的问题。

第二，手摸鼻子。美国芝加哥嗅觉与味觉治疗与研究基金会的科学家发现，当人们撒谎的时候，一种名为儿茶酚胺的化学物质就会被释放出来，从而引起鼻腔内部的细胞肿胀。科学家还通过可以显示身体内部血液流量的特殊成像仪器，揭示出血压也会因为撒谎而上升。交流的时候，如果发现客户手摸鼻子，那很有可能是客户在撒谎。

第三，手揉眼睛。实验表明，大脑通过揉眼睛的动作企图阻止眼睛看到欺骗、怀疑和令人不愉快的事情，或者是避免面对那个正在欺骗自己的人。如果客户表面上看起来对你的话很感兴趣，但是他却时不时地用手揉自己的眼睛，那说明他对你的话不感兴趣或者很是怀疑。

第四，手抓耳朵。当你和客户谈妥拿出订单，告诉客户在上面签字，但是客户却用手抓了抓自己的耳朵。这一动作说明客户心里对你的产品并不是很感兴趣，也许他只是嘴上说你的产品有如何好。

第五，手抓挠脖子。与客户沟通过程中，如果客户时不时地用手抓挠脖子，那是客户疑惑不确定的表现，等同于客户在说“我不知道你说得对不对”。当口头语言和这个手势不一致的含义时，矛盾会格外明显。比如，客户说“我非常喜欢贵公司的产品”，但同时他却在抓挠脖子，那么我们可以断定，实际上他并不喜欢。

第六，手拽衣领。英国动物学家德斯蒙德·莫里斯发现，撒谎会使面部与颈部神经组织有痒的感觉，于是人们不得不通过抓挠消除这种不适感。这种现象解释了为什么人们在困惑的时候会抓挠脖子，也解释了人们在担心谎言被识破时手拽衣领的原因。

第七，把手指放在嘴唇之间。将手指放在嘴唇之间的动作是内心缺乏安全感的一种外在表现。遇到这种情况，你不妨给客户承诺和保证，这是比较积极的回应。

手势表达的意思是丰富而又复杂的。销售人员应当细心观察与体会，争取通过手势洞察客户的心理。好的肢体动作比语言更生动，它可以帮助你抢占销售先机，取得更好的业绩。

10.2 让肢体动作与语言相结合

在销售过程中，与客户有效交谈是一项重要技能。只有掌握一定的沟通技巧，才能在销售过程中占据主动地位，有效说服客户购买。

著名人类学家伯德威斯特尔指出，在典型的两个人沟通过程中，口头语言传递出来的信息实际上还不到全部表达意思的 35%，而其余 65% 的信息都是通过非语言信号的沟通来传递的。而非语言又常常被人们称为肢体语言。肢体语言是口头交流之外的一种沟通方式，需要借助表情、动作或体态等工具来进行，比如眼神交流、身体动作等。

通常情况下，销售人员可以从以下三个方面做起，使用各种身体语言，如图 10-1 所示。

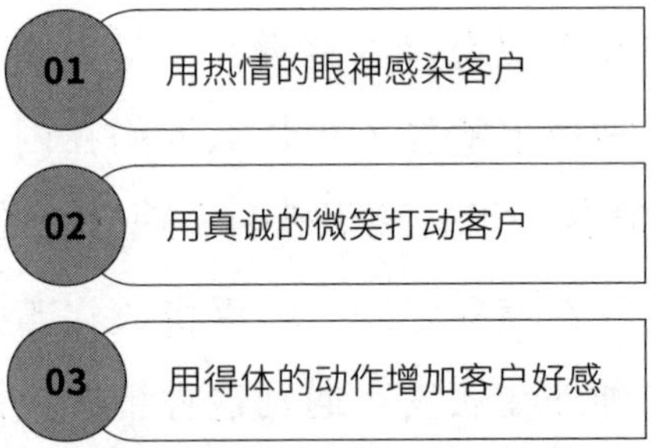

图 10-1　销售人员使用各种身体语言的三个方面

第一，用热情的眼神感染客户。向客户介绍产品时，如果销售人员的眼睛炯炯有神，眼睛里透露着自信、热情、坦诚，这往往比滔滔不绝的口头说明更有用。与客户进行眼神交流时，销售人员要让自己的目光尽可能真诚、热情一些，这要求销售人员做到以下几点。

1. 勇敢迎接客户的目光，不管客户目光传递的信息是肯定、赞许，还是疑惑和怀疑。通常认为，销售人员停留视线的最佳位置是客户双眼与嘴部之间的三角部位，这样可以向客户传递礼貌、友好的信息。

2. 与客户对视的时间要保持一定的度。如果时间太短，客户会感觉销售人员不够自信或者对谈话的兴趣不大；如果时间太长，客户会感觉不舒服。需要注意的是，与客户对视时要避免两眼空洞无神。如果销售人员两眼空洞无神，客户就会感觉你心不在焉，认为你不值得信赖。

3. 保持目光集中，避免游移不定。不仅在销售过程中，任何时候，一个人目光游移不定都会被认为是轻浮或不诚实的表现。对于目标游移不定的销售人员，客户会尤其警惕和防范。这样一来，双方的心理距离被拉大，对销售人员来说是难以跨越的障碍。

第二，用真诚的微笑打动客户。微笑是销售人员与客户沟通的必需工具。众所周知，微笑是世界上的通用语言，可以跨越种族和民族。微笑也是有讲究的，不是所有人的微笑都能打动客户。销售人员微笑时必须发自内心，不是在脸上永远挂着一副“职业性微笑”的表情。这种“职业性微笑”是难以打动客户的。同时，在微笑时尽量不要发出太大的声音，也不要表现得过于夸张，否则会让客户感觉特别尴尬。

第三，用得体的动作增加客户好感。热情的握手、轻轻的点头、稳健的步伐等，都具有增进客户友谊的作用。反之，如果销售人员的动作不得体，会让客户反感。所以，销售人员与客户在一起的时候，应当注意自己的一言一行。比如，销售家用电器或者汽车等产品时，销售人员可以用手轻轻触摸，向客户传递出质感好、价值高的信息。

为了避免做出让客户感到不舒服的举动，销售人员应当在平时养成“站有站相，坐有坐相”的良好习惯。比如，无论是坐是立，是行是走，都要端正姿势，身体各个部位的动作幅度不能过于夸张等。

10.3 卖产品不如卖感情

销售人员与客户并不是对立的关系，所以在客户推销产品的过程中，完全可以把客户当作老朋友，投入真实的情感，也唤醒客户的内心情感。在这种情况下，销售人员更容易赢得客户的认可。总结起来就是一句话，“卖产品不如卖感情”。

卢卡斯是努斯凯尔电力公司的销售人员。有一天，他去一座非常整洁、宽大的农舍去推销电力。卢卡斯走过去敲门，女主人詹姆斯太太拉开门。

卢卡斯：“詹姆斯太太，您好！我是努斯凯尔电力公司的销售人员卢卡斯。今天来是想让您了解一下我们公司的用电优势。”只听

“砰”的一声，大门关上了。卢卡斯又敲了好几次门，这时不耐烦的女主人已经开始破口大骂了。

卢卡斯通过多方面途径了解到詹姆斯太太养的荷兰猪特别好，于是想到了一个策略。当他再次来敲詹姆斯太太家的门时，他开始了与女主人的谈话。

卢卡斯：“詹姆斯太太，您好，非常抱歉又来打扰您，但是我今天不是为推销电力而来的，而是听很多人说您养的荷兰猪生了好几个漂亮的小猪崽，我想买一个做宠物，所以就过来了。”

詹姆斯太太这时把门拉开了一点儿缝，打量了一下卢卡斯。于是，卢卡斯得以将话题继续下去。

卢卡斯：“听说您家养的荷兰猪生存力特强，不瞒您说，我太太以前也养过一只，但我们不会喂养，没多久就出了事，太太为此伤心了好一阵子。所以，我今天特地过来向您请教荷兰猪的喂养方法，顺便带一只回去给太太一个惊喜。”

詹姆斯太太：“进院子来说吧。”听完卢卡斯的这番话，詹姆斯太太的脸色柔和起来，并打开门请卢卡斯来院子里。卢卡斯仔细地观察了院内的设施。

卢卡斯：“我相信您喂养这么多荷兰猪一定花费了不少心血吧！”

詹姆斯太太：“您这话真的说出了我的心声啊！要知道，我先生一直都特别反对我喂养荷兰猪，担心传染上疾病。今天真是遇上一位知音啊……”

于是詹姆斯太太便向卢卡斯大倒苦水，顺便将自己的喂养经验全盘托出，谈话之间自然就提到了用电问题。两人的谈话非常愉悦，两个星期之后，卢卡斯所在的电力公司收到了詹姆斯太太邮寄过来的用电申请书。之后，詹姆斯太太周围的邻居也陆续向这个电力公司递交了用电申请。

一些销售人员或许认为，和客户谈生意只是为了赚钱，不需要投入感情，这种想法是错误的。销售人员谈生意完全可以像老朋友那样真诚友好地对待客户，这样会使沟通更加融洽，也有利于今后的长期合作。推销活动也属于人与人之间的交往活动，所以也需要投入情感。下面一起看看不同销售阶段如何利用情感进行推销。

推销都是从接触开始的，如果客户对你不予理睬或直接拒之门外，你连说话的机会都没有，那就别提推销产品了。当销售人员发现潜在客户时，就应主动争取，在沟通中投入情感因素，让客户体会到你的真诚和热情，将你看作朋友。这样，你的推销工作就有了好的开端。

有了与客户接触的机会并不一定意味着推销成功。这时，客户还有很多疑虑，销售人员应乘胜追击，细心观察客户对产品所持的态度后有针对性地进行说服。为了成功说服客户，销售人员需要运用一定的情感因素。比如，动情地向客户讲述一个故事，从而带动客户的情感。

很多销售人员认为生意成交后销售工作就结束了，实际上与客户保持联络也非常重要。售后与客户联络有两个好处：一是可以得到客户的反馈，方便产品和服务的改进工作；二是与客户交流感情，有利于争取长期合作或让客户拉来更多客户。

商业是没有情感的，但是客户是有情感的。而作为连接商业与客户的销售人员，只有加入自己的情感，才能成功经营好商业与客户之间的关系。

10.4 解读客户的手部语言

都说“手是人的第二张脸”，除了表情，手是最能体现人内心想法的身体部位了。客户想表达一个意思或者掩饰内心真实想法的时候，手会不自觉做出某种手势。例如，销售人员给客户讲述产品故事，当客户非常兴奋的时候，可能会鼓掌；当客户表示对现状非常不满的时候，可能会时不时地顿足，表明他的气愤。对销售人员来说，手势有意或无意地透露了客户的某种思想、情感或情绪。

某公司研制了一种硬度十分大的玻璃产品，可即便在市场营销方面投入了大量的人力、物力，仍收效甚微，销售人员宁远也因此忧心忡忡。然而，一次偶然的机会使他摆脱了这种局面。

一次，销售人员宁远拜访经销商杨迪。恰巧杨迪正在忙着接待一个老供应商，根本不理他。谁知，两名员工抬着一块玻璃进来时，一不小心撞到了宁远，玻璃摔得粉碎。宁远连忙道歉，说要赔偿。但杨迪仍很不高兴，两臂抱在胸前，让人把宁远赶了出去。发现客户态度强硬，宁远就不再争辩，而是回去想对策。

两天后，宁远又去拜访，杨迪两臂抱在胸前，讽刺他勇气可嘉。但宁远并未生气，而是说：“上次玻璃的事情我真的很不好意思。不过这也证明了一点，那玻璃实在不结实。我们公司的产品您也有一定了解了，那我现在展示一下。”说完，宁远就用锤子用力地砸自己公司的玻璃。杨迪看到玻璃丝毫无损，竟松开双臂，走上前来。宁远见此知道事情已经成了一大半。最终，宁远顺利地拿下了第一份订单。

与客户交谈的时候，如果客户摆出了双臂交叉的姿势，你就应该立刻反省："是不是我说了一些与对方观点不同的话？"或者"我说的话是否有让对方误会或怀疑的地方？"因为对方已经用身体语言很诚实地表达了不赞成。如果客户在双臂交叉抱于胸前的同时，两只手也紧紧地攥成拳头，夹于腋下，那表示他有强烈的敌意。此时，你应当采取比较缓和的方式阻止事态的进一步恶化，否则会引起口舌之争。

10.5 分析客户的腿部动作

销售人员程昱按照约定时间去拜访公司的老客户付经理，并准备拿一些新的样品给对方看。就在程昱进门前 10 分钟，付经理接到亲友通知，父母从云南来北京看他，他必须到机场接机。付经理想和程昱也不会聊太久，所以就没有打电话改时间，而是收拾了东西，准备见完程昱就去机场。

两人见面后，付经理发现了一些新的设计，这些新设计不是一时半会儿就能解释清楚的，他一着急，不自觉地抖起了腿。程昱从办公桌的侧面看到了付经理的腿部动作，明白了付经理现在一定有什么紧急的事情需要处理。后来，他又看了看放在办公桌上的小皮包，确定了自己的猜测。

于是，程昱就放下手里的资料，说："付经理，您是不是有急事要办啊？我是不是耽误您时间了？我们的事情改天谈也可以，您先忙您的。”

付经理一听，就如实说了自己的事情。程昱赶忙道歉，付经理也歉意地说：“那我们就改天约个时间再谈。今天让你白跑一趟了。”

实际上，脚部和腿部的动作也能反映一个人的思想，表现一个人的性格品质。例如，走路健步如飞的客户大度热情、活力充沛，但也有些性急；走路步伐沉稳的人成熟老练，能够像牛一样忍辱负重，吃苦耐劳，需要妥善应对；走路身体挺直平稳、步履轻松的客户，则是一个心胸坦荡、正直、充满自信、做事专心致志的人。此外，若客户上楼梯喜欢一次跨过多个台阶，那他应当是个做事缺乏耐心的人。

有许多经验丰富、城府深的客户擅长隐藏自己的情感，如果依然按正常的思维去解读对方的肢体语言，便可能得出截然相反的结论。此时，销售人员一定要注意识破对方的伪装，从对方的信息中辨别真伪。

10.6 场景训练：借助肢体语言让客户主动加价

有时候，销售人员明明知道客户给出的价格可以成交，但是就不同意，还要求客户加价。这是因为大部分销售人员都知道，一旦轻易同意了客户的报价，客户就会后悔给出的报价不够低，觉得自己吃亏上当了，进而要求销售人员送赠品。

为了让客户相信给出的报价已经是底价，销售人员应当在客户报价的基础上回收一点。否则，销售人员很容易损失更高价格成交的机会。下面通过一个具体的例子看销售人员是如何通过肢体语言让客户主动加价的。

客户刘先生拿着一张报价单来到了一家汽车销售服务 4S 店，店里的销售人员孟小雨接待他坐下。孟小雨接过他的报价单，扫了一眼，立马睁大双眼，做出很惊讶的表情，说："哇！大哥，您太厉害了！您是我见过的最会砍价的人了，这个价格已经很低了，您怎么没有买下来呢？"

刘先生回答："我觉得还可以再便宜一点。货比三家总是没有错的。"

孟小雨接着说："当然，这是必需的。不过说实话，您这个价格真的已经算是非常低了，而且我可以告诉您的是，我做这个品牌已经三年了，对这款车的全国价位都非常清楚。据我了解的市场行情，您这个价格已经非常低了。您现在拿到的这个价格，已经跟我们互相调货的价格差不多了，您很厉害啊。"孟小雨这么说的目的是告诉客户，他这个价格已经很低了，几乎没有再往下砍价的空间了。

刘先生听孟小雨这么一说，有些将信将疑。孟小雨顺势从工具夹里拿出一本车型报价单，里面有 3 个月来各个车型的价格变化情况表，这其实是他们公司专门制作的销售道具，里面的价格都是他们公司自己拟定的。刘先生看了这个文件之后，发现里面的价格确实已经很接近他现在的价格了，他对价格的期望值也就稍微有所下降了。

孟小雨看客户没有了太多疑问，再说："大哥，您到我们店看车也不是第一次了，之前去了那么多 4S 店看过车，应该对行情很了解了。既然您能再来我们店，说明您还是信得过我们的，对吧？不知道您对我们公司的印象怎么样呢？”

刘先生知道这是孟小雨在试探他，如果说他们公司的好话，那就中了她的圈套了。于是刘先生随便应了一句说：“还可以吧。”

孟小雨接着再询问刘先生：“您住在我们店附近吗？”

刘先生回答说：“是的，就在附近的花莲小区。”

孟小雨接着再问：“在价格都一样的情况下，您是打算在我们这里买，还是到别的地方去买呢？”

刘先生回答说：“离你们店近一点，当然会选择你们，但是也要看看你能给个什么价格。”

孟小雨马上就告诉他：“大哥，您真是个精明人。汽车是个非常复杂的工业产品，买的时候不仅要考虑价格，购买以后的车辆保养、售后服务也是需要考虑的。很多4S店卖车给客户的时候都把价格放得很低，实际上价格是便宜了，利润也就少了，以后他就不会热心地为您提供售后服务。有很多买了低价车的客户，后来都向我表示过他们的后悔。当然了，您如果在我们这里买了车，以后所有的售后问题，您只要给我一个电话，我们就会为您提供周到的服务，免费上门都不是问题呀。您要是开车过来保养，把车子往这里一放，路边骑一辆共享自行车，十分钟就到家了，多方便呀。”

听了这话，刘先生没有反驳，而是说：“这些我也知道，只是你们得给我一个合适的价格，实实在在的优惠才是关键。”

孟小雨知道，客户拿过来的价格已经是最低的价格，也就是说，其他店里的价格都比这个高，如果还有比这个价格更低的，客户早买车了，也不会再到他们店来了。所以，最后的成交价格最低就是客户拿着进店的那个价格。

孟小雨对刘先生说："大哥，您这个价格已经非常低了，如果按照您报的这个价格把车卖给您，我这台车子就白卖了，一分钱的分红都拿不到，也就完成个任务量而已。"

刘先生面露喜色，问道："你的意思是这个价格可以做下来？"

听客户这样说，孟小雨心中暗喜，果然没猜错，这就是客户的心理价位了。但这时，孟小雨知道还不能高兴得太早，一旦她同意了，客户会得寸进尺，向她索要赠品。

孟小雨没有表露出任何喜悦的表情，而是眉头一皱说道："大哥，我还不敢确定能不能按照这个价格卖给您，这样吧，看在您那么信得过我的分儿上，我先以个人名义同意按这个价格卖给您，您再等等。我去找我们店长申请一下，过一会儿再回来，您先喝杯水，休息一下。"

孟小雨进了店长办公室，过了5分钟后出来了。孟小雨愁眉苦脸地对刘先生说："大哥，真不好意思，我刚才看错了，112000元的车型不是这个配置的，而是另外那台，这个配置的车型最低要卖115000元的。"她一边说，一边指着摆放在展厅的另一款车。

孟小雨这样说是为了让客户把价格锁定在112000元这个价格上，让他不要再往下杀价了。而实际上，112000元是可以卖给客户的，但是不能同意，否则客户会认为自己给的价格太高了，再要求赠品。只要让客户不再继续杀价，孟小雨就有机会再把价格往上提。

孟小雨这样一说，刘先生真的就着急了，说："你刚才不是答应过，这个价格可以做的吗？亏我还这么相信你，不行，我就要这台，你说话必须算数。"

孟小雨又一次跑进店长办公室，过了两分钟后，又出来了。孟小雨做出很为难的样子，说："大哥，您看中的这款刚好是卖得最畅销的车型，您这个价格做不下来呀，您再加点钱吧，只要加一点就行。"说完这句话，孟小雨看着客户，一言不发。

孟小雨知道，这是最关键的时候，一定不能说话，谁先说话，谁就输了。而只要客户愿意加价，哪怕是加 200 块钱，他就输了，他心里的价格防线就彻底崩溃了。刘先生也不说话，咬着嘴唇。但孟小雨知道，客户心里正在做思想斗争。在谈判僵持阶段，谁先说话谁就输，但如果双方都绷着不说话僵局就会持续。

为了打破僵局，孟小雨选择用肢体语言示意客户主动加价：她伸出手，手掌心向上抬了抬，眼睛看着客户，示意他再加一点。

刘先生再咬了咬嘴唇，然后深呼吸一口气，嘴角和肩膀也跟着放松了下来，说："好吧，那要加多少？"孟小雨终于等到这句话，她知道客户已经输了。

孟小雨接过刘先生的话说："加一点就行。"她不能说出具体的数字，因为不管她说的数字是多少，客户都会反问她凭什么是这些钱。所以，孟小雨没有提出具体的金额，而是让刘先生自己加，也是试探他加价的意愿程度，只要他真的加了就行。

刘先生咬了咬嘴唇后说："那就加 200 元吧，行不行？"

孟小雨摇了摇头说："200 元太少了，肯定不行，再加一点。"

"那就 300 元吧。"从刘先生的口气里就知道，他自己也觉得 200 元太少了。

"大哥，300 元还不够到对面的海底捞吃一顿呢。"孟小雨非常聪明，如果客户愿意加价，坚决不能在第一次加价的时候就同意，至少要让客户加到坚决不能再加的时候。即使可以同意的时候也不能马上说同意，而是要跑一趟店长办公室，回来才能同意。

刘先生有点生气地说："最多再加 400 元，行就行，不行我就走了。反正这里也不是只有你们一家 4S 店卖这个车。"说着，刘先生做出要起身离去的样子。

孟小雨立马伸手拉住刘先生的衣服，说："大哥，别着急，先坐下，坐下。"

刘先生坐了下来，孟小雨皱着眉头说："您确定，这个价格您能定下来吗？"

刘先生应道："就这个价，我就定了，再多一分钱我都不要了。"

孟小雨："那您带钱了没有？"

刘先生很快把钱包从裤兜里拿出来，摆在桌面上说："带了，这不是我的钱包嘛。"

孟小雨说："您先把您的身份证和 400 元给我，我再找店长说说看。"说完，孟小雨拿出《特殊优惠申请表》让客户填写，然后拿着客户的身份证和 400 元又去了店长办公室。最后，孟小雨拿下了 112400 元的购车订单。

在销售过程中，无论你卖的产品是什么，不要认为让价越多客户就越会购买。客户要的不一定的最低的价格，而是一个让他觉得已经最低的价格。而想办法让客户往回加价就可以让客户觉得价格已经到了底线。这时，用肢体语言示意客户主动加价很容易击破客户的心理防线。

练习题

1. 把手指放在嘴唇之间说明了什么，当客户做出这个动作时，你应该讲一个怎样的故事缓解他的不安？

2. 经过全方位的调查，你发现你的目标客户有一位正在上幼儿园的小女儿，你应该讲一个怎样的故事拉近你们之间的距离？

3. 与客户交谈的时候，如果客户摆出了双臂交叉的姿势，你应该用怎样的方式化解客户的敌意？

4. 在交谈的过程中，客户经常搓手或抖腿，这个动作说明了什么？你该采取怎样的行动？

5. 在销售的过程中，如何借助肢体语言让客户相信他给出的价格就是最低价，并让客户主动加价呢？

____

____

____

第 11 章 改变传播方式，让故事影响更多客户

在销售过程中，销售人员向客户讲故事是一种一对一的传播行为。如果故事打动了客户，客户会选择从你这里成交甚至以后都从你这里成交。依然是讲故事，如果换一种传播方式，可能会获得更加广泛的影响力，让更多客户从你这里成交，甚至以后都从你这里成交。其他传播方式包括开直播、写软文、进行新闻报道、线下沙龙分享，等等。

11.1 降低广告硬度，用好故事提升成交额

广告无处不在，且已经到了消费者避之不及，广告人死缠烂打的地步。在这种情况下，企业如果能够另辟蹊径，通过一个好故事说明自己的产品，消费者会更乐于成交。

下面以故宫淘宝为例，看如何通过好故事讲产品，才能不仅不

会引起客户的反感，还可以增强客户黏性。故宫淘宝是指中国北京故宫博物院为了销售周边产品而上线的淘宝店。在微信里，故宫淘宝公众号以“软萌贱”的形象刷爆了朋友圈。特色、口碑、经济利益、品牌形象等各个方面都使故宫淘宝成了最大的赢家。

据统计，故宫淘宝曾在一年内创下超过10亿元的销售纪录。故宫淘宝为某产品写的软文文章超过了10万，点赞量在2000万左右，其根本在于创作了一个吸引人的好故事。我们可以从故宫淘宝学到以下三点。

首先，好故事应当通过制造悬念引发读者继续阅读的欲望，虎嗅网年度作者阑夕曾经说过，大家乐于分享传播的文章有三种：一是说出了读者的心里话；二是说出了读者不知道的事儿；三是其高端品位可以满足读者虚荣心。故宫淘宝推送的文章很好地契合了第二点——说出读者不知道的事儿，满足了大家的好奇心，为大家提供了茶余饭后的谈资。

其次，好故事的内容情节层层递进，让读者欲罢不能。一个好故事引人入胜的秘诀就在于不断制造悬念，让读者一直读下去。从这一点看，故宫淘宝堪称讲故事的高手：“故事要从很久以前说起……那一年，杏花微雨，年羹尧正值青春年少，和现在很多贪玩的男孩一样，并不安分踏实读书。据说，年羹尧长得伟岸异常，臂力惊人，且好胜好斗。他父亲给他聘了三位老师，但是都被他打跑了，是的，打跑了！打跑了！打跑了！”

介绍年羹尧，没有提到他的生辰八字、官居何职，先介绍他小时候的调皮，把三位老师都打跑了。这种讲法虽然非常八卦，但是正好迎合了大家的八卦心理。

最后，好故事将产品设置成情节发展必备要素，不会有违和感。将产品巧妙地放进内容里是很多企业都需要学会的本领之一。大家都反感广告，凭什么故宫淘宝做出来的广告就不招人烦呢？因为他们经常设置情节反转，引出产品，比如下面这个卖针线盒的文章。

乾隆的贵妃香消玉殒，本来是一件让人惋惜的事情，它说得也很唯美："灯笼易碎，恩宠难回。世上很多东西都是难以再回头的：好比，花谢了再开并不是那一朵。圆镜碎了难以再复原；衣服破了就不能再……等等！衣服破了，是可以再缝补的啊！你只需要一个容嬷嬷针线盒罢了……故宫淘宝，五月力荐！嬷嬷针线盒，专业扎针五十年，用过都说好！"

结果，最后的剧情反转真是让人啼笑皆非，给人留下了深刻印象。因此，要想让产品给人留下深刻印象，需要一个有套路的好故事。

11.2 用有趣的故事吸引直播观众

波罗蜜全球购是一个自营跨境电商，主打"只卖当地店头价"和"视频互动直播"。波罗蜜致力于通过 App 载入移动视频互动技术为消费者还原海外购物场景。波罗蜜是第一个吃螃蟹的人，开启了"直播 + 销售"先河。此后，聚美优品和洋码头也纷纷试水直播销售业务，受到了消费者欢迎。经过两个月的试运营，手机淘宝直播平台"淘宝直播"也正式上线。

5 年前，淘宝全球购联手淘宝直播举行了一场全球 24 小时直播活动，让消费者体验到了定制化全新海淘时代。24小时内，来自全球各地的500多名买手上线，开展了超过一千场直播活动。

在这次24小时直播过程中，消费者能够看到全球购的优秀买手们是如何逛街购物，比如，迪拜的商场Dubai mall、欧洲传统的骑士比武大会、悉尼岩石区周末市场、陶艺大师现场制作工艺等。众多消费者在这场直播盛宴中充分体会到了定制化海淘的乐趣。而且，在直播过程中，消费者可以与买手实时互动，如此接地气的方式让消费者大呼过瘾。“边看边买”的直播+海淘模式在海淘行业刮起了一阵私人定制的时尚风，让中国消费者很方便地购买外国的产品。

在各大直播平台，主播基本上都是依靠粉丝送小礼物来获取收入的。还有一些主播自己经营淘宝店铺，他们在直播过程中往往会利用直播间流量变现的机会，这当中又以引入QQ群为基础方式。也就是说，主播们在直播过程中推广QQ群来实现引流目标，通过运作QQ群，让粉丝变为实际购买者。

林海是迎客直播的一名网络主播，同时也是一名淘宝店主。林海虽然不是知名一线主播，但对引流有自己的一套方法。刚开始做网络主播时，林海只是为了宣传自己的淘宝店铺，希望更多的人能够去自己的店铺购买产品。然而初期的引流效果并没有预期想象的好。

于是，林海把目光转向QQ群。因为在直播中直接宣传自己的淘宝店铺会给观众留下商业广告性质的印象，而且容易遭到平台封杀。而在QQ群中可以与粉丝们形成友好关系，在互动中增加信任感，然后再向变现的路线发展。QQ群可以形成稳定活跃的社群团体，培养忠诚粉丝。

林海将直播间的流量引入QQ群的办法非常简单，但需要长期坚持。每次直播时，林海都会植入QQ群号信息。比如，在直播界面，林海会根据直播内容和粉丝定位让观众添加某些QQ群号或者是扫描二维码。同时，这些群里也会活跃某些群成员，负责管理和维护新加入的成员。因为加入QQ群的多半是对主播有一定偏好和认可的粉丝，他们加入QQ群以后又有专门的管理员负责维护，所以引流效果比较好。同时，林海的淘宝店铺的流量也有了明显增长。

观众除了在直播时和林海热情互动外，直播过后，QQ群的热度也会持续一段时间。因为如果观众认为林海的直播非常好但结束了，这种热度就会马上转移到QQ群，大家继续在群里热议。

各种直播平台为电商达人提供了一个平台，只要不涉及“三俗”（庸俗、低俗、媚俗），怎么玩都行。从直播过程来看，单纯推荐自己的产品并没有什么效果，也很少有商家这样做。大部分主播都拿出了看家本领，直播地点可以是室内或者室外，也可以是发货仓库。专做海外母婴产品代购的“君妈粉团”甚至直播奶粉采购、入仓打包的一系列过程，让远在国内的消费者买得放心。

淘宝母婴相关负责人表示：“单纯介绍产品已经过时，你要勾起消费者了解的欲望，讲他们关心的话题，为什么要买，怎么用，提供专业的知识。”对于电商销售主播来说，长得好不好看并不是首要的，重要的是凭借专业度取胜或者以有趣、好玩的故事吸引买家。

罗辑思维、凯叔讲故事等成功案例有一些东西是电商销售主播可以借鉴的，比如讲产品背后的故事、自己的感受等，他们都不自觉地与观众建立起了情感联结。

直播经验的不足是很多商家共同的感受。母婴导购App“茉莉妈妈”也参与了淘宝直播，推荐一些高性价比的玩具等母婴产品，尽管有视频制作经验，依然感觉直播对人的要求其实挺高的，在直播前要做哪些准备，如何互动才能吸引消费者——这些问题都是需要去解决的。

淘宝母婴相关负责人表示："随着消费需求的升级及母婴消费人群逐渐转向'85后''90后'，传统的货架式导购已经无法刺激用户的兴趣，挖掘产品背后的故事，建立除购买以外的行为关系，解决消费者真正的'痛点'成为平台的当务之急，亲宝贝这样的前台导购市场应运而生。"

经过大量的市场调查，淘宝母婴团队有一个重要发现，母婴用户的阶段性需求最是强烈，即在不同阶段希望获得相应的资讯、专业知识和相关产品。基于此，亲宝贝根据母婴人群的性别、年龄及阶段性特征，设定了不同母婴场景的相关产品、专业知识、资讯及视频或直播，实现了用户"互动→决策→购买→分享"的路径。

精细化、内容化是未来流量趋势，而直播是一个新的入口，也是当前的大风口。作为销售人员，你是否能抓住，且如何抓住？

11.3 用优秀的文笔促进产品销售

软文是网络营销的重要组成部分。一篇好的软文可以提升品牌的知名度，然后转化为商业价值。在线下销售时，销售人员只需要向客户讲故事。在线上销售时，一篇包含故事的软文就显得非常重要。

"饿了么"是中国最大的网上餐饮服务平台之一。它不仅是外卖

“鼻祖”，还一直牢牢占据行业领军者位置。“饿了么”之所以能成为外卖行业的领先者，软文推广功不可没。最早，“饿了么”网站在多篇软文里讲述创业者团队“极致、激情与创新”的创业故事。

当时，在上海交通大学机械与动力工程学院宿舍里，张旭豪和康嘉、汪渊、邓烨几个室友打电脑游戏，一直玩到凌晨才感到肚子饿了。几个人本想打电话叫外卖送份消夜，谁知电话要么打不通，要么没人接。大家又抱怨又无奈，饿着肚子聊起来：“这外卖为什么不能晚上送呢？”“晚上生意少，赚不到钱，何苦。”“倒不如我们自己去取。”“干脆我们包个外卖吧。”

就这样，几个研究生一年级的学生越聊越兴奋，创业兴趣一触即发。他们开始讨论和设计自己的外卖模式，一直说到凌晨四五点。天一亮，张旭豪等人便开始了正式行动。他们先是做市场调研——暗访一家家饭店，在店门口记录店家一天能接多少外卖电话、送多少份餐。

之后，张旭豪等人毛遂自荐，从校园周边饭店做起，承揽订餐送餐业务。在宿舍里设一个热线电话，两个人当接线员、调度员，还外聘了十来个送餐员。只要学生打进电话，便可一次获知几家饭店的菜单，完成订单。接着，送餐员去饭店取餐，再送到寝室收钱。

这样的模式运行了几个月，“饿了么”积累了学校周边大大小小 17 家饭店的外卖资源。并且，张旭豪和室友们一起投资了几万块钱，印制了 1 万本“饿了么”外送册。册子里除了有各店菜单，还有汽车美容等周边商家广告，赚取的广告费几乎就收回了制作成本。上海交通大学的每个寝室都得到了一本“饿了么”外送册，“饿了么”也开始在校内出了名。这时，“饿了么”每天从中午到凌晨要接到 150～200 份订单，每单抽取 15% 的佣金。生意忙不过来的时候，张旭豪也会在校区内跑腿送饭。

10 年前的上海交通大学毕业典礼真正让张旭豪等人意识到饿了么外卖网站改变了人们的日常生活习惯。这场毕业典礼通过微博进行了现场直播。在这场颇具互联网时代印迹的毕业典礼上，校长张杰对毕业生说："我们一同在 BBS 上'潜水、冒泡'；一起观看《交大那些事》；一同拨过'饿了么'的外卖电话……"

从创办"饿了么"网上订外卖网站的第一天起，张旭豪就知道自己要做一家伟大的公司。所以，"饿了么"走出上海交通大学，成为覆盖所有上海高校的网上订餐网站。不久之后，"饿了么"就获得了"硅谷"投资者的青睐，金沙江创投一次性给出了 100 万美元的风险投资。

之后，"饿了么"陆续出现在各大媒体报道中，甚至普通员工也开始接受《创业家》的采访。5 年前，《网易科技》报道了"饿了么"接受大众点评 8000 万美元战略投资。同年 8 月，《南方日报》以"饿了么 20 万免费午餐发起白领市场总攻"为标题，报道"饿了么""从 8 月中旬起，通过分众覆盖全上海几乎所有写字楼的 1 万个互动广告屏送出 20 万份免费午餐。"同年 10 月，《i 黑马》百亿美金平台想象以"外卖 O2O 平台饿了么如何实现半年 10 倍增速？"为标题，报道"饿了么"网上订餐迎来的"大裂变"，以及 CEO 张旭豪提出的"下沉"战略。

一年后，一篇名为"饿了么：一群大学生的奇幻之旅"的文章在各大网站广为流传，"饿了么"网站搜索引擎排名一举冲上各大外卖网站第一位。此外，还有"经纬合伙人丛真：湖南菜馆里发现饿了么，馄饨小店里决定要投”“饿了么邀王祖蓝代言，CHUANG 大会和你一起拼”“饿了么获 6.3 亿美元融资，创全球外卖行业最高纪录”等各种报道。

2020 年，“饿了么”用户规模突破 5 亿。近 3 年来，“饿了么”的市场份额始终保持第一。在即时配送方面，服务于蜂鸟配送的配送员人数已超过 300 万人，日运单超过 450 万单，这也使蜂鸟配送成为中国最大的即时配送平台。

以品牌宣传为目的软文，通常以讲创业故事为主，而对于希望促进销售的软文来说，讲述案例故事更为有效。讲述案例故事有两个利益点。

首先，通过描述他人使用该产品所获得的体验，激发客户的想象，进而增强客户的购买欲望。例如，为了推广某大型生产设备，在文章中说：“× × 企业已经使用这个设备一年多了，生产效率比过去提高了 30 个百分点，费用节省了 10%，工人也特别喜欢这个设备，因为它能大大减轻体能支出，所以这个企业今年又要追加两台这个设备。”这样的文章比起直接宣传这台设备的节能高效，更能得到客户的信赖。

其次，文章中讲述案例故事能够造成客户的缺失感。通过列举他人的使用实例，让客户产生“大家都有了，就我没有”的感觉，这种缺失感会引发客户的从众心理，进而激发客户的购买欲望。

陈亮是宝洁公司的一个日用品销售人员，主要负责上海市奉贤区市民居住小区的推销工作。陈亮的工作是向家庭主妇推销家用洗护产品。每完成一笔订单，陈亮都会请这户的主妇在一张纸上签名。随着时间的流逝，这张签名单上的名字越来越多。

在之后的推销中，陈亮随身携带着这张签名单。如果看到某个家庭主妇对是否购买产品犹豫不决，陈亮会适时拿出这张签名单，对这名家庭主妇说："这是你们小区已经购买我产品的太太们的签名，她们是我的老主顾，享受我的上门服务。"

通常只要听到陈亮这样说，绝大部分主妇都会购买产品。可以说，陈亮制作的这张签名单是一篇绝佳的软文。先是拿出名单例证让消费者信任，然后说"这些主妇都享受我的上门服务"，陈亮巧妙地激起了主妇的从众心理和嫉妒心："邻居们能享受得起上门服务，我也能！"

软文中讲述案例故事必须注意以下三点，内容如图 11–1 所示。

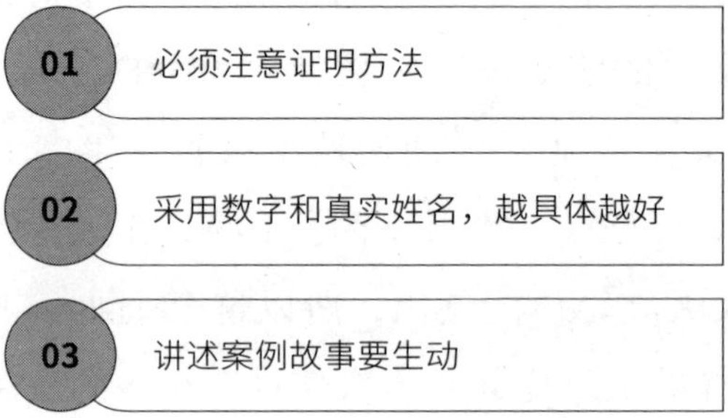

图 11-1 软文中讲述案例故事必须注意的三点

首先，必须注意证明方法。软文通常有人证、物证和证词三种证明方法。其中，人证是最能取得客户信任的证明方法。在一篇软文的证明方法中，最佳的选择是使用人证。文章在进行人证时，尽量选用客户认识的人或者是名人，这样可以提高信任度，也会留下更深的印象。

其次，采用数字和真实姓名，越具体越好。为了说明"这个城市中的很多人家都买了 A 牌菜刀，他们都说这个产品很好用"。软文可以这样写：“本市的居民赵军、付娜楠，还有那个大胖子姜舒都买了 A 牌菜刀。赵军说用 A 牌菜刀砍驴比别的菜刀省力多了。付娜楠说 A 牌菜刀不仅省力还省钱，省下的钱可以让他每天吃一个苹果。大胖子姜舒说 A 牌菜刀很锋利，准备给弟弟姜服买一把杀猪用。”

最后，讲述案例故事要生动。“还记得街对面住的那个大胖子王谦吗？他身高只有一米七几，但体重 230 斤，还有轻微的心脏病和糖尿病，整天邋里邋遢的。才使用减肥茶两个月，街坊邻居都说看不到他了。其实他还在那里，每天进进出出的。但由于减了 60 多斤，又收拾收拾自己，形象大变，很多人根本认不出来他。现在的王谦不仅病好了，还眉清目秀，身材修长，成天蹦蹦跳跳的很快乐呢。”这样一篇减肥产品的软文往往能够深入人心。

为了促进销售写软文讲述案例故事，应该做到绘声绘色，充分调动语言的魅力。尤其是在描述产品时，文章应该以生动的语言激发客户的丰富想象，进而使客户产生购买欲望。

11.4 利用新闻报道，增强故事的权威性

无论是传统新闻媒体还是网络新闻媒体，要想更好地生存，就必须在保证自己权威性的同时为企业提供推广服务。

对企业来说，通过新闻报道宣传自己有两种方式。一种是企业自身创造有价值的新闻，通过新闻媒体报道出来；另一种是将热点新闻事件与企业巧妙地联系在一起，从而制造另一个热点新闻。

首先看企业自身如何制造新闻。日用消费品巨头联合利华重磅推出了可持续行动计划，不仅在全球各大新闻媒体版面正式对“可持续发展”这一名词做出详尽解释，还制定了公司到2020年需要实现的三大目标。

“帮助超过10亿人采取行动来提高其健康和幸福水平。在实现业务增长的同时，使生产和使用我们产品所产生的环境足迹减少一半。在实现业务增长的同时，提高数百万人的生活水平。”文章中，还特别提到联合利华目前已经完成的“植树造林1万棵，为山区孩子捐建10万个操场5万个乐玩袋，预期帮助1.5万名农户普及可持续农业知识”。

由于新闻报道发布在大型知名权威媒体上，联合利华的可持续行动计划快速传播，影响范围非常广。文章中，联合利华通过分享测试、试验结果，以学者、相关领域专家、技术专家的名义为品牌做了背书。另外，联合利华通过引用具有第三方性质的社会化媒体、自媒体的细节信息，能够极大地增加消费者对品牌的信任度。

谷歌不是第一个做搜索引擎的公司，却是让所有人认识到搜索引擎的公司；苹果不是发明鼠标的公司，却是让所有人知道了鼠标这个东西的公司……这样的例子很多。世界“微软教父”比尔·盖茨曾说过：“如果我只有两美元，我会将其中一美元花在公共关系上。”要想卖产品，首先需要让大家知道你。而媒体的新闻报道便是帮助企业增强辨识度和影响力的最佳方法。下面是让媒体报道你的企业的三种方法，内容如图11–2所示。

第一，讲一个真实的企业故事。没有人喜欢谎言，让人们最感兴趣的是真实的故事。一个真实的企业故事应当包含以下几点：创

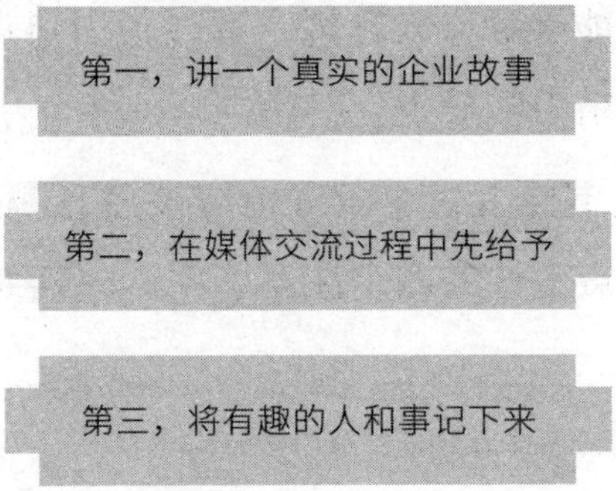

图 11-2　让媒体报道你的企业的三种方法

始人是如何创立公司的、创始人是如何克服困难的、产品是如何诞生的、产品问题是如何得到解决的。细节问题让故事显得更真实，这些正是人们想知道的。

第二，在媒体交流过程中先给予。大部分人都有一种索取心态，企业也是这样。然而，互惠原理告诉我们，只有先付出，对方才会给你一些东西作为报答。所以，企业在和媒体接触时，应当先对他们进行给予。例如，邀请各大媒体参加企业主办的活动，请各大媒体的记者代表在活动上发言，给他们寄去感谢信，等等。这些行为都有助于企业和媒体保持良好的关系。

第三，将有趣的人和事记下来。如果内容写得好，营销工作就会事半功倍。如果你是个牙医，你可以将最近的患者和他们的症状，以及你近两年一共拔了多少颗牙，与患者之间发生了哪些有趣的事情记下来；如果你是一名平面设计师，你可以将调整图片尺寸时以及你和甲方之间发生的趣事记下来。需要注意的是，应当把数据、事实、分析以及企业历史穿插在案例研究里。

下面看如何借助热点事件做宣传。热点事件经常成为全民瞩目的焦点，企业如果能够顺应大环境，通过借力热点事件为营销造势，将为企业节省很多精力和成本。

利用社会热点事件为企业做宣传应该注意哪些问题？下面是企业宣传利用社会热点事件的四个注意事项，内容如图 11–3 所示。

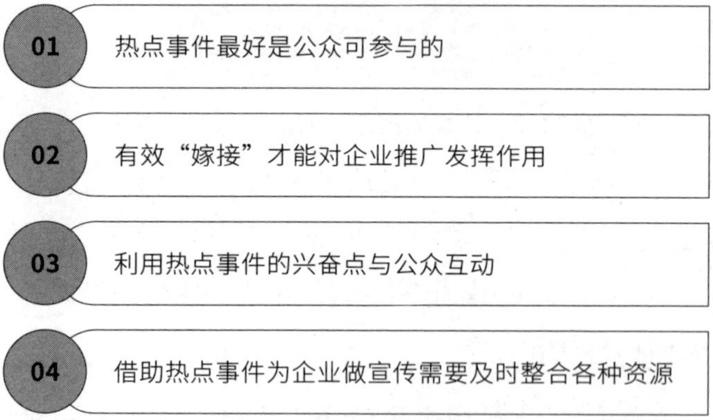

图 11-3　企业宣传利用社会热点事件的四个注意事项

第一，热点事件最好是公众可参与的。实际上，大众关注社会热点事件的目的是娱乐自己，所以企业做推广借助的热点事件如果是公众可参与的，就会收到更好的效果。

“谢亚龙下课风波”曾经闹得沸沸扬扬，联想发现并抓住了这个营销机会。在某门户网站谢亚龙下课相关新闻的下方，联想推出了一个“想乐就乐，就算谢亚龙不下课”的话题。只要点开话题，就能看到联想 Ideapad 关于新享乐主义的视频广告。当天，联想的话题获得了超过 11 万次的点击，还有 2000 多条粉丝回帖。

第二，有效“嫁接”才能对企业推广发挥作用。借助热点事件宣传企业和产品，观察力和想象力很重要。将公司产品或者概念有效融入热点事件，并且嵌入得不露痕迹，达到借势传播的效果。

当克隆技术在街头巷尾被人们议论的时候，脑白金巧妙地利用了这个热点事件。他们把脑白金技术与克隆技术相提并论，写出了《生物技术的两大突破》这篇文章。由于嵌入巧妙，很多人都没有意识到这是一个营销事件，并将其误解为新闻来读，取得了很好的传播效果。有一些报社还将其作为科技新闻进行转载，传播效果出人意料。

第三，利用热点事件的兴奋点与公众互动。公众对某些社会热点事件有很大的参与兴趣。企业可以找到引起公众兴趣的兴奋点，将企业与事件兴奋点结合起来，吸引公众的自发参与，以沟通来创造事件之外的真正价值。实践证明，企业如果能够吸引公众参与互动，总是能取得较好的回报。

第四，借助热点事件为企业做宣传需要及时整合各种资源。社会热点事件具有时效性，只能维持很短的时间，所以企业在利用热点事件做宣传时需要在短时间内有效整合各种资源。

汶川大地震发生之后，很多企业进行了捐款捐物，在这些企业中只有王老吉通过 1 亿元的捐款获得了很大的知名度。很多企业捐款与其一样多甚至更多，为什么没有获得相应的影响力？新闻不炒作就没有价值，而企业捐款即使再多不被人们知晓也就不能达到预想的目标。王老吉究竟是怎么做的呢？

首先，王老吉号召公众对灾区进行爱心捐助，整合了公众的爱国意愿；其次，王老吉关注地震中发生的各种热点事件，整合了各种热点事件资源；最后，王老吉利用论坛以及网络媒体等免费资源进行宣传，整合了各大媒体资源。

当时，有一句话几乎没有人不知道："要捐就捐一个亿，要喝就喝王老吉。”王老吉利用当时的热点事件推广企业品牌，加上各种媒体的免费宣传，获得了10亿元也可能无法达到的广告宣传效果，而王老吉用1亿元就做到了。

11.5 举办线下沙龙，进行故事分享

Salon Precieux巴黎珠宝奢华沙龙是Karine Margraff在巴黎创办的品牌，是一个展现法式创意与工艺的珠宝、钟表和珍贵首饰沙龙。自创办之后每年都会举办，一直延续至今。Karine Margraff曾经在巴黎著名的高级奢华百货公司BON MARCHE担任时尚买手，时间长达7年。Karine Margraff喜欢发掘新的设计天才，善于发现高超工艺，顶级奢侈品牌背后默默工作的制作工坊和每一次沙龙上的品牌都是她精心挑选的。

在上海举办的Salon Precieux巴黎珠宝奢华沙龙已经是Karine Margraff第二次来中国举办沙龙，与第一次在北京举办时一样低调。对于该沙龙的成功举办，Karine Margraff表示：“我们会选择一些有点名气、有共同价值观，并且有发展潜力的品牌或创作者，他们必须有强烈的个性和创作力。做买手的时候，我就发现很多出色的法国制作并没被人认识，所以希望通过沙龙让大家了解。”

线下沙龙建立了一种高端社会圈层关系，在这个高端社会圈层里，商家可以从中发现高端消费客户，在休闲的同时利用共同的爱好与人群交往，拓展人脉关系，促成生意发展。这是线下沙龙吸引

各大商家的主要原因。那么，一场成功的线下沙龙活动是如何策划出来的呢？

第一，沙龙场地可以从以下三个方面选择。

（1）根据自己的活动主题选择。比如广州最美文化传播公司的创始人杨坤龙打算做一期汉字书法之美的沙龙活动，找到广州的黄埔古村的一家百年老宅。这个古色古香的场地就比较符合杨坤龙的活动主题。

（2）考虑自己朋友的场地。因为是自己人，不仅用起来会比较自在，相应价格也会比较低。如果没有的话，你也可以找一些合适的咖啡厅、书吧等。

（3）与新开的场地合作。新开的场地对于新客源的需求比较大，所以会通过为一些组织提供活动场地来增加新客源。

第二，邀请沙龙嘉宾与成员。线下沙龙活动必定要有嘉宾和成员，对嘉宾与成员的选择标准要按照需要来设定。沙龙的嘉宾应当有一定的知名度和专业学识，成员要是沙龙主题的参与者、学习者。总体上，组织者要保证参与沙龙聚会的人和要讨论的沙龙主题相匹配。

第三，选择沙龙活动的赞助方。举办线下沙龙活动除了要有嘉宾和成员的参与外，还要有资金支持，因为租借场地、准备物料、工作人员薪资、食宿支出等都需要大量的资金。有的商家可能不需要借助外力，但有的商家需要寻找赞助方合作。与赞助方合作举办沙龙活动的方式不仅可以帮助赞助方提高知名度，还能帮助沙龙举办方获得充足的活动经费。沙龙举办方和赞助方相互配合、协调联动可以产生双赢的活动效果。

第四，设计沙龙活动流程。沙龙活动流程通常包括活动报名、现场签到、答疑环节、抽奖环节、后期维护。活动正式开始前，工作人员可以利用大屏幕播放公司宣传片或相关新闻视频等。为了让线下沙龙活动真正起到作用，组织者可以在活动现场使用微信面对面建群。这样既可以增强参与者对此次沙龙活动的好感，也有利于组织者积累人脉资源。

策划一场线下沙龙活动是一个精细的工作，因此，在举办沙龙活动前，我们还要反复推敲整个沙龙活动的策划、检查是否存在缺漏。

11.6 场景训练：面对媒体采访，如何让故事引人入胜

面对媒体采访，如何设计起伏的情节？面对媒体采访时，大部分人都是紧张和局促的，更谈不上讲述一个情节起伏、引人入胜的故事了。然而，对于很多中小品牌的管理者或销售人员来说，这可是宣传企业和产品的大好机会啊，应当把握好机会好好表现。

试想一下，为什么微软、苹果、谷歌等这样的大公司，销售人员拿订单那么容易，那是因为他们的公司有品牌知名度和美誉度。研究发现，懂得公共传播对品牌和商业机会的重要性是成功企业在战略上的共同点。

如果你所在的公司暂时没有能力雇用公关公司或成立一个公关团队策划和安排媒体采访，那么，面对媒体采访的时候，你可以从以下四点入手，内容如图 11-4 所示。

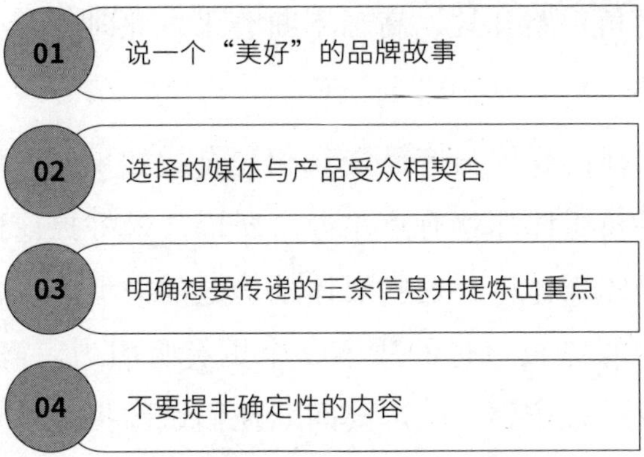

图 11-4　面对媒体采访的入手点

第一，说一个“美好”的品牌故事。成功的企业背后都有一个美好的品牌故事，包括三只松鼠、雕爷牛腩、叫只鸭子等，这些企业利用一手的好故事引得投资人和消费者竞折腰。当然，故事不是凭空捏造出来的，而是基于以下三个方面：公司的主营业务，列举 1 ~ 3 项；与竞争对手的差异，通过事实说明特色；产品或服务上现存的几个问题，说明将如何改进或调整。找到问题的答案后，要进行多次修改，直到改出一个足够吸引公众关注的故事。

一个吸引公众关注的故事具有以下四个特征。

（1）故事情节的发展方向不可知、无法预测，比如创业者尝试了无数种方法都失败了，大家不知道他是否能成功，也不知道到底是使用哪一种方法获得了成功。

（2）故事主角面临一个两难选择，在两难选择中左右摇摆，谁也不知道究竟哪一个选择对主角是更好的。

（3）让主角一直面临威胁，游走在失败、毁灭的边缘，不知道什么时候就会遇到危险。

（4）让主角一路开挂，高潮不断袭来，此时大部分人都会被主角光环吸引。

第二，选择的媒体与产品受众相契合。如果是做传统餐饮的企业，非要上科技媒体那就有点难办。所以，最好提前选择出那些与产品受众契合的媒体，看这些媒体采访过的类似公司，对比下自身故事和已经被媒体报道过的故事哪个更有吸引力。需要注意的是，如果有记者说想采访你，一定要问问他们试图报道的角度。如果与自身希望的不符，那么就没必要接受采访。

第三，明确想要传递的三条信息并提炼出重点。明确想要传递的信息后，回答记者问题时要围绕这三条信息来说，并且回答的内容要能支撑起你的故事。短小精悍的故事更有利于被引用和二次传播。在讲故事时，可以适当引用精确的行业数据和调查结果，避免使用我“以为”“可能吧”等不确定的词语。

第四，不要提非确定性的内容。还没有签订合同的合作、并购等都不能向媒体提起，除非是对方同意你公开的。总之，所有非确定性的内容最好不要提，否则事后影响对公司来说是很棘手的。

向一个客户讲故事最多只能俘获一个客户，但是通过媒体向公众讲故事则有可能俘获成千上万个客户。作为企业管理者和销售人员，应当重视培养面对媒体讲故事的能力，为企业形象加分。

11.7 场景训练：面对一万观众，如何增加故事的趣味性

肯定很多人都告诉过你，你只有会讲故事，才能让一万观众认

真听，认真看。这话很有道理，那你有想过原因吗？会讲故事的销售人员和不会讲故事的销售人员有什么本质差异呢？表 11–1 列示了会讲故事的销售人员和不会讲故事的销售人员的四个差异。

表 11-1 会讲故事的销售人员和不会讲故事的销售人员的四个差异

	不会讲故事	会讲故事
说话方式	【直白 / 冷酷】 直接告诉你一个结论， 不管你是否接受、认同	【有趣，幽默】 选择一个能让你接受的方式讲述观点 情境化，让你感同身受
读者	【没有兴趣】 单调乏味 不理解	【创造价值】 有激情 能够改变他人的想法甚至是行为方式
生活	【不留心】 不关心自己身边的人和事	【观察生活】 对生活非常留心 时常收集故事
个人魅力	【平面化】 刻板、平庸 没有有趣的经历 不值得他人关注	【立体化】 有丰富的经历 一个有故事的人 亲近

无论面对多少观众，只要掌握了故事类型这个诀窍，你就可以成为会讲故事的销售人员。调查发现，最受欢迎的故事类型有以下四种。

1. 自身经历的故事

当观众意识到你想影响他们时，他们首先会疑问：“你是谁？”这时，讲一个关于你自身经历或者成长的故事，会让观众觉得很对胃口。乔布斯在斯坦福大学演讲，第一个故事就是从自身出发，讲述了自己上大学读了六个月之后就退学，在十八个月后又去学校的故事。

2. 坦诚动机的故事

每个人天生都有警惕性，会怀疑他人的动机。尤其你又是销售人员，大家对你的信任度最初是很低的。所以在对观众讲怎样受益之前，先告诉对方自己希望得到何种好处，观众会觉得听你讲故事是合情合理的。

3. “愿景”故事

“愿景”故事是首先给大家一个可以实现、靠谱的愿景，而且这个愿景应当是合理、能得到大家认同的。比如说：“我希望，有一天，智能手机可以在中国最大范围地普及，包括贫困山区的人们也可以……”

4. “行动价值”的故事

这类故事非常常见，如“如何从 180 斤的胖子变成 90 斤的马甲线女王”“如何考研”等。这类故事之所以受欢迎是因为真实案例是最有效的教导方式。如果故事主人公是自己，那么故事更加容易讲，因为你自己经历了，知道苦在哪里，乐在哪里，你的感受都是发自内心的，这样很容易影响别人的行动。

故事力是一种能够捕捉情境和情感，能够对信息、知识、情境和情感进行整合的能力，是未来销售人员必须掌握的一种能力。对销售人员来说，运用故事力的最终结果是有效地影响客户行为。

练习题

1. 从说出读者心里话、说出读者不知道的事或者满足读者虚荣心的角度出发，为你销售的产品讲述一个故事。

2. 将上述的故事扩展成一篇宣传软文，注意多使用具体的人名与数字，增加描述的生动感。

3. 尝试将热点事件引入你的故事，增强故事的权威性与真实性。

4. 请为你的企业设计一个能够吸引公众关注的故事。

5. 请为你的故事设计跌宕起伏的情节。